頭殼打開之後——腦外科醫師的冷靜與熱情

獻給我的家人，
若非你們，
我不可能完成這本書。

陳俊賢

頭殼打開之後——腦外科醫師的冷靜與熱情
作者／陳俊賢
策劃編輯／伍詠慈
美術設計／邵清
出版發行／突破出版社
香港沙田亞公角山路33號突破青年村
電話：2632 0000　傳真：2632 0388
電郵：breakthrough@breakthrough.org.hk
網址：http://www.breakthrough.org.hk
http://www.btproduct.com
承印／陽光（彩美）印刷有限公司
2024年7月初版1刷

Life Stories from A Neurosurgery Doctor
by Chan Jun Yeen
First Printing, First Edition, July 2024

Printed in Hong Kong
ISBN 978-988-8846-11-5

本書採用環保油墨印刷

心　靈　地　圖

關懷、連繫、復和、

溝通、對話……

凝視心之脈動，

直到重新尋獲自己的心。

目錄

誰說當醫生好帥？

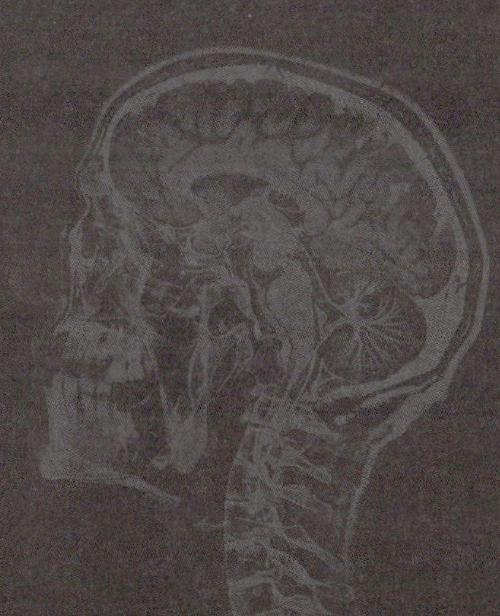

從住院醫師開始——

陳俊賢，腦神經外科醫師，馬來西亞成長，赴台灣讀醫。十七年前，他出版第一本醫患故事：《我將你的頭殼打開了》（突破，2007），當時在台灣任住院醫師：

我之所以選擇了外科，很大原因是我喜歡手術室的感覺——緊湊卻不倉促，繁雜卻不紊亂。每一台刀，無論是醫生或護士，舉手投足都恰到好處，不多餘。

每一台手術的完成，看着病人血壓回穩，看着病人漸漸從麻醉中醒來，心裏充滿了滿足。

這一種滿足，只有身為外科醫生才能體會，這純粹是外科醫生的專利。

我們腦神經外科醫生則經常三更半夜被叫回來敲別人的腦袋。

沒有意義的事情叫「工作」，值得去奮鬥的叫「職業」。

神經外科這份「職業」，無分白天與黑夜，無論晴天雨天，哪管打雷閃電天塌下大便，我們醫生都得二十四小時候命。

我不過是一個小小的住院醫生，談不上明白生命的真諦；但我看過生命的苦難和昇華，看過生命的誕生和逝去，對生命，我有自己的看法和期許。

這些日子以來，我歡愉的感受不斷成長，我看着自己的同事和學長不斷的進步，我知道不久的將來，我也會踏上他們曾經走過的路，不斷的往前去。

做醫生不需要很聰明，需要的，不過是一顆熱忱的心。

作為一個醫生，我們的職責就是給每一個痛苦垂危的生命帶來希望和活下去的勇氣……

自序：飄洋過海之後，回家

在台灣的最後一年，我回到花蓮工作，說「回」是因為我娘子的家就在那裏，嚴格説來我是回「娘家」。上班的醫院濱臨太平洋，推開窗戶往外一探即是一望無際的蔚藍，風陣陣的吹來都帶着大海的腥膻。每當這個時候，心裏頭的落寞就會哐啷哐啷的敲響，就像掛在老牛脖子上的鈴噹，聲音悠悠傳揚，激起圈圈的漣漪，經過一連串的推擠放大，最終成了太平洋上的滾滾浪濤，是波瀾壯闊的海面上捲起的層層浪花；我相信它在歷經千山萬水後終有一天會到達那一片白燦燦的彼岸 —— 我午夜夢迴的故鄉。

那一年是 2011，我離鄉背井的第十七年。

記得在一個風和日麗的午後，結束了門診，我習慣到醫院的圖書館找個小角落看書，書架上翻到最新一期的《台灣醫誌》，在最後幾頁的廣告欄上訝異的發現檳城某間醫院的徵聘廣告，其中一段寫着「急尋神經外科醫師」。我合起手中的雜誌，腦袋在那一瞬間一片空白。凌晨一點，我坐在牀緣沒有絲毫的睡意，老牛脖子上的鈴噹已然成了寒山寺的撞鐘，巨大的咚咚聲響在狹小的房間裏不斷回蕩。我站起來，走進書房，打開電腦發了一封電郵。

第二天一早即收到回信，迫切的叫我去面試。那一刻顯得很不真實，來台灣從唸書到工作，從來沒有像這次離家這麼近，我望向窗外的太平洋，彷彿只需划一艘小船馬上就能到達彼岸。然而，沒來由的卻突然發慌了，懸在胸膛裏頭的一顆心成了鐘擺，左蕩右蕩，留下還是回家？十七年在台灣的日子是我的光輝歲月，唸大學、畢業、工作、戀愛、結婚、第一個孩子出生、同窗、朋友、夥伴，任何一樣都是我生命中不可或缺的一部分，離開或回家無疑是一種既冷酷又無情的割捨，尤如寫到一半的書，本應進入最精彩的章節，卻毅然決然的放棄，翻開白紙一張，重頭再寫。況且，還有我的太太以及她的原生家庭。

回家離家

晚餐後，趁着她在洗碗，我走過去幫忙沖水，一邊說：「我想要回家。」她說：「好啊，待會我就去訂機票。」以為我不過想回去度個假，「你打算什麼時候去什麼時候回？」我說：「我想回去工作。」她的手頓時停住，水龍頭的水仍嘩啦啦的流，她茫然的看着手中的盤子，我趕緊接過來，免得她一不留神掉在地上，我說：「這次回去，要很久很久才會回來。」這時，我那個三歲正在客廳獨自玩樂的兒子，不知何故，突然大哭起來。

事後回想，她的點頭才是我回家的最後一顆按扭。對我來說的回家，對她卻意味着離別，離開家，離開父母，離開熱愛的工作，離開這個三十年生於斯長於斯的土地，這不是一句「嫁雞隨雞，嫁狗隨狗」就能搪塞過去的。如果沒有一份堅定的愛和信任，我找不到一個理由能驅使她跟着我回來，即使已過了十年，回想她當初那一句：「好啊，你去哪我都跟着你！」仍然叫我感激不已。

2011 年的 10 月，我們趁着雙十假期去了一趟檳城。面試當天，醫院的董事、主管共十來個人，審視着我的履歷和資歷，最後說：「很歡迎你回來！」結束後他們把一份合約放在我面前說：「你要不要現在就簽一簽。」我愣住了，沒想到這麼快，我說：「能不能給我 10 分鐘？」我走出會議室，找到坐在大廳一隅的太太，她看到我一臉激動的說：「怎樣？順利嗎？」我說：「他們叫我簽約。」她說：「現在？」我點點頭說：「簽了就沒回頭路。」她笑笑說：「這不是很好嗎，如此我們就可以義無反顧了。」我說：「確定？」她說：「快去簽吧。」感覺屁股被她狠狠踢了一腳。

事情就這麼定下了，我已經坐上開往家鄉的船，買的還是一張單程票。幾家歡樂幾家愁，第二個幾家當屬我的岳父岳母了。好不容易舉家搬回花蓮，屁股還沒坐熱就要走了，一併擄走的還有他們的女兒以及寶貝孫子，更甚的是還要去一個叫馬來什麼的地方，換做我是岳父，定先把女婿的一條腿打斷，剩下的那條看你還能怎麼跑？好在我岳父是個雅士，被通知他女兒和孫子將被帶走的晚上，他泡了茶邀我入座，烏龍的清香芬芳四溢，有隻飛蛾找碴似的不斷往上頭的日光燈胡亂的撞擊。我們大眼瞪小眼，突然覺得岳父大人的眼神有股殺意，有那麼一瞬間我懷疑身陷了鴻門宴，好在這股氣稍縱即逝，慢慢的轉化成淡淡的溫柔，岳父舉起杯說：「恭喜你找到一份好工作。」我一飲而盡，他又拿過了紫砂壺邊斟邊說：「其實啊，人的一生就是找一條回家的路，能夠回家鄉服務，真得很替你高興。」我再次一飲而盡，他看我如此豪氣干雲，就撒掉了桌上的茶具，從壁櫥拿出一瓶陳年的五十度金門高粱說：「今晚我們不醉不歸。」他雙眼微紅暈蕩着一層淚花，「就像父子一樣。」

來年的2月，我們舉家離開台灣，離開這個養我、育我，以及從不吝嗇給我機會的地方。岳父岳母沒有到機楊，只在花蓮火車站為我們送行。雖然一個月前我租了半個貨櫃把大部分的家當運走了，手上的行囊仍舊堆成一座小山，加上岳母、太太和孩子在月台上抱頭痛哭，彷彿這一趟並不是回家，更像是投奔怒海。駛離月台的火車蹣跚前行，拉不動的車廂裝滿的是離別的惆悵，我看着窗外美麗的山河，一邊是高聳的中央山脈，另一邊是無際的太平洋，如此良辰美景可惜我即將遠去，隨着火車加速行進，疊疊的影像被切成一片又一片，宛如格格的底片重播十七年的光輝歲月，往事已經不堪回首。

回家不易

離開了十七年，回到自己的家卻像個遊子，連如何繳水電費都要問人，於一個公民已然如此，我的太太和小孩更是難以適從。馬來西亞的天氣具體來說只有兩種：很熱和非常熱。小孩無法理解為何要從宜人的東亞，來到熱死人的東南亞。好不容易找到一間 7-11，興高采烈的推開門進去，兒子瞬間僵住；相比台灣 7-11 的無所不能、食物飲料琳瑯滿目，馬來西亞 7-11 的功能大致只比路邊的飲料自動販賣機好一點，瞪着店內寒酸的陳設和天花板上破敗閃爍的日光燈，兒子哭喪着臉說：「這不是 7-11，這不是 7-11，這不是 7-11。」不知道是不是這個發現太過震撼，他說了三次。

重新踏上故土，面對的卻是巨大的文化衝擊。不流利的馬來語和英語是第一道坎，連馬來小朋友聽完我一長篇零零落落的馬來文後都說：「醫生，你可以說華語嗎？我會中文。」再來就是和同事相處，馬來西亞醫生的頭上都有一圈神聖不可侵犯的光環，親切兩個字你可以用來形容訓導主任或防暴警察，但絕對不適合醫生，同事和同事之間就像石頭對石頭，大多時候都是無言之對。最頭痛的就是到政府部門辦事，與台灣公務員的熱誠和積極相比，每當看到櫃台上的職員我都會不經意的想到 *Zootopia* 裏的那隻樹懶，因此每一次到政府部門辦事，我只能把它視為身心靈的一次修行。回來之後的每件事都是跌跌撞撞，工作和家庭把自己搞得焦頭爛額，有時半夜我會一個人爬起來，站在狹小的房間隔了窗望向大橋，同樣是一片廣闊的大海，忍不住問自己，當初的決定是對的嗎？要是這時候再給我一艘小船我會不會划回去？

慢慢的我發現，人生就是一連串的顧此失彼，取和捨之間各有意含。拋棄其實更像是放下，獲得就是接納，我們的生命旅途很多時候就是這種收和放的選擇。生命列車不斷行進，當初駛離花蓮車站的火車從來就沒有停過，仍然領着我不斷探索，沒有哪個站是多餘的，每一個駐點都是風景，迎過的人和事在生命中都會留下意義。

找一條回家的路

生活中最感慨萬千的就是那一句不知不覺，不知不覺我回來馬來西亞已經十年。現在的馬來語和英語不只可以無縫轉換，上到法院還可以用來吵架。和同事的相處也如魚得水，石頭和石頭之說不過是年少輕狂不懂人情世故，其實對人只要謙卑和誠懇，頑石也會點頭。至於政府部門的事，已然是一種業障，無從改變，不過我的心態已全然轉換，從當年消極的修行，到今天積極面對，每一趟辦事，我都暗地裏和櫃台的人說，我是來渡你的。

我回來的那一年，馬來西亞人口有兩千三百萬，而全國卻只有不到五十位神經外科醫師，加上許多來自鄰國印尼的病人，從醫生病人的比例就可想像工作的繁重，第一個月上班，我所行的腦瘤手術已經比在台灣一年的量還要多了。一台手術通常一坐就是十個小時，雖然苦卻總是樂在其中，很多人問：「同樣是行醫救人，在台灣和馬來西亞不都是一樣嗎？」是一樣，也完全不一樣。我永遠記得第一次在馬來同胞的頭皮上劃下的一刀，從傷口流淌出來是同樣帶鐵的血球，也帶着熟悉的溫熱，是智人共有的記號；然而，完全不同的是那種血濃於水的感覺，有別於染色體上的印記，裏頭有土地的情感，以及深遠記憶的召喚。於是，在手術台上淚水竟不自主的濕了眼眶，從那一刻起我告訴自己，我真的回家了。

如果當初我沒有回來，如今的生命又是怎樣的一種光景呢？其實人生沒有太多的如果，選擇了就應當埋頭的往前進，所有故事的鋪陳都是這樣展開的。我上班的第一天才知道，醫院之前已經連續五年沒有神經外科醫師，即使到了今天，全院還是只有我一個。曾經有位護士叫我看一部香港的連續劇叫《On call 36 小時》，她說：「很好看，裏面說的就是你這樣的醫生。」我說：「你要不要叫那個 on call 36 小時的醫生，看看我如何 on call 365 天？」女兒的口頭禪就是：「爸爸一回家就只有一句話：很累、很餓、這是我今天第一頓飯。」曾經兒子看着我的頭不解的問：「你頭髮快掉光光了，以後我會不會和你一樣？」生活是辛苦的，無論到哪裏都一樣，這一路走來經歷了多少磨人的事。我岳父說的，人一生就是找一條回家的路，直到今天我才明白，找一條回家的路不難，難的是找到家的歸屬。當初的一張火車票，我可是花了十年才回到家。

感謝我的家人無怨無悔的陪我一路走來，感謝曾經和我結緣的每一個病人，是你們豐富了我貧乏的生活。也只有看過許許多多心痛的人和事，才知道我們並不是唯一被生命為難的人。這本書中的每一則故事，裏面的每一個人，都是我生命中一盞又一盞的小火光，指引了路也帶來溫暖，給了我繼續走下去的勇氣。

謝謝你們。

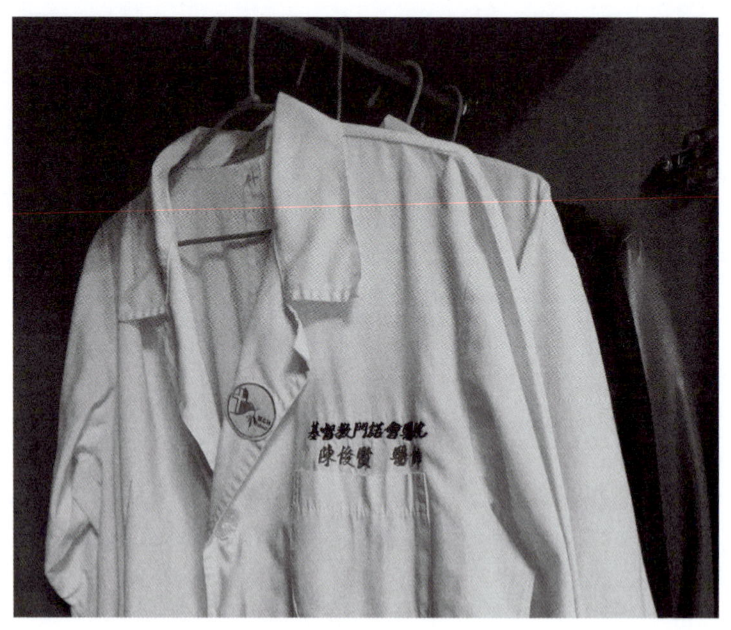

離開台灣前的晚上，岳母把我叫到房間去。

我一臉懵懂，心裏頭卻是忐忑不安。以岳母大人的深明大義，應該不至於訓我一頓。

只見她打開衣櫃，指着我的醫師服說：「我先替你掛在這裏，」她用手指輕輕的撣拂那件白袍，「等你哪一天回來台灣再當醫生。」

神聖的殿堂

看過許許多多心痛的人和事，

才知道我們並不是唯一被生命為難的人。

這些故事，這些人，

都是我生命中一盞又一盞的小火光，

指引了路也帶來溫暖，

給了我繼續走下去的勇氣。

彈指之間的生命

生命很脆弱，存在和消逝經常就在電光石火之間。一個響指，我們在宇宙中卑微的存在也許就會被抹得一乾二淨。

病人是機車騎士，因交通事故被送進急診。人是清醒的，只說頭痛，急診醫師把病人送去做腦部電腦斷層掃描(CT Brain)，然而，前後不到 15 分鐘，送回急診時，昏迷指數只剩下五分[(1)]。

晚上十點我收到急診的電話，可以聽出電話那頭很急，說 CT Brain 的影像已傳送到我的手機，他們正準備給病人插管。我打開手機，是左側大腦急性硬腦膜外出血（Acute Epidural Haemorrhage)，很大的一片，從前顱窩一直延伸到後顱窩，整個左側大腦半球已經被擠壓到對側，我幾乎看不到一個完整的腦幹。

我趕去醫院，換褲子時還差點絆倒，車上打電話到急診叫他們先通知麻醉醫師和手術室，向血庫備血，結束通話前我問：「病人幾歲？」

「男性，三十二歲。」說話的護士語氣很堅決，似在挑釁，彷彿在說如果你再不過來病人的生命就會在三十二的後面畫上句號。

我到醫院時，病人左側瞳孔已經放大，右側也好不到哪裏去，解釋病情時他的妻子坐在我面前，眼神渙散，全身顫抖，恐懼像個幽靈正一點一滴腐噬她的意志。

把頭殼打開

我們在 30 分鐘內火速把病人送進了手術室，麻醉醫師和護士們已經在待命，他們都是從院外趕回來的。原來不是只有我一廂情願的想把病人從鬼門關拉回來，內心萬分的感動，有一種壯士斷腕的驕傲；我現在終於理解看 *Avengers* 時內心為什麼會如此澎湃，因為我從來都不是孤軍奮戰，有一羣靠得住的夥伴永遠圍繞在身傍。

下刀前，病人突然出現心室頻脈（Ventricular fibrillation, VF），是一種致命的心律不整，因腦幹被壓迫幾經衰竭所導致的，護士趕緊推來電擊器；經過三次的 Defibrillation（電擊去震器），心電圖上終於出現比較漂亮的心律。過後麻醉醫師怔怔的看着我，我明白他的意思，我說：「Defibrilator 放着，手術繼續。」有時候最困難的事情並不是堅持，而是不要放棄。

我從來沒有試過如此快速的把一個病人的頭殼打開，血花四濺讓所有 R 級的好來塢電影顯得非常幼稚，骨頭掀開的剎那，血湧了出來，宛如洗臉盆上的水龍頭忘了關，血從鋸開的顱骨邊緣溢出，瀑布似的淌。因外傷斷裂的顱骨不只截斷了硬腦膜動脈（Meningeal artery），也把後顱窩的橫竇（Transverse sinus）給硬生生的撕裂。我已經不知如何去修補。

還好血庫的血已經到了，我用手指伸進去把出血的地方壓着，一邊不斷的把硬腦膜往上提，固定到鋸開的顱骨邊緣，浴血奮戰。30 分鐘過去，出血量超過了 4000 cc，我看到麻醉醫師滿頭大汗，好在這個時候血也慢慢的止住。

忐忑的一個月

術後病人左側的瞳孔仍然放大，但心律和血壓已回復正常。趁護理人員收拾着滿地的杯盤狼藉，我走進刷手間，一個人默默的禱告，而且把剛剛急得來不及求的通通放進去。主啊，謝謝祢剛剛一直握住我的手好叫我不至膽怯，求你保守病人一切平安，也求祢安慰他家人的內心，免除他們所有的懼怕。阿門。

七天後，他已經可以慢慢的活動四肢，瞳孔也回復正常，昏迷指數七分，仍然無法脫離呼吸器，我給病人做了氣切。我說：「放心，病人會慢慢醒來的，給他一點時間。」他的太太和兩個唸小學的孩子站在我面前，病人是否會醒我沒有完全的把握，但是，在我們治療病人的同時，也不要忘記給家屬希望和堅持的勇氣。

十天後，病人離開了加護病房，昏迷指數進步到九分，也就是在我們大聲的呼叫時他可以慢慢的睜開眼睛。「你爸爸愈來愈進步呢，記得要多鼓勵他，多和他講話。」我對着那兩個乖巧的孩子說，她太太不斷向我點頭，第一次我看到她倔強的嘴角浮現出淺淺的笑容。

兩個星期後，病人醒了，叫他把右手舉起來，他不止舉還對着我比了一個 OK。但是我高興得好像有點太早，不到半夜就收到病房的電話，病人氣切的地方止不住出血，血從傷口、嘴巴和鼻子不斷的流出來。我趕回醫院，只見病人在血淋淋的牀上不斷的蠕動掙扎，一個護士用厚厚的紗布壓着出血的頸部，其餘的護士用管子抽吸着不斷從鼻子嘴巴湧出來的血塊。我趕緊把病人推到手術室止血，離開時看到他太太萎坐在病房外的椅子上，像一根枯朽的腐木，眼神充滿絕望和恐懼。

我拍拍她的肩膀說：「放心，有我在。」我不曉得為什麼會突然講出這麼浮誇的話，也許我只想安慰她，或是給她一點信心，也許我只想給自己打氣。我輕輕捉住她的手說：「好不容易走到這裏，我們要關關難過關關過。」

整整一個月，漫長的治療、復健，病人今天出院了，就在國慶日前。我一根根的移除了他身上的管子，包括他脖子上的氣切管，他終於可以開始說話，出院前他對我說：「醫生，謝謝。」

對我來說，沒有比這個更好的了。或許一個響指，我們在宇宙中卑微的存在就被抹得一乾二淨，但至少在我短暫的存在時曾經幫助過一個人，讓妻子有一個丈夫、讓小孩有一個父親。

生命很脆弱，但也非常堅強。

(1) 昏迷指數（Glasgow Coma Scale）：滿分是十五分（正常情況），最低分是三分（不是零分），三分就是最深度的昏迷。

手術台的歌聲

我的診間很久沒這麼熱鬧了。

你連站都不行了

大年初四一開工，彷彿就在大門口燃放了一串大紅鞭炮。門一打開，推進來一個老人，人沒進來，呱噪聲已傳遍整個房間，老人的聲音宏亮，像獅子的嘶吼：「醫生啊，我等咗你半個鐘頭，你一定不知道我家下有幾痛啊！」

老人身邊是一個老婦，沒錯的話應該是他的太太，一邊安撫着老人一邊説：「好啦好啦，唔好再叫了。」一個中年人推着輪椅，還不忘叮囑外頭那個女人：「那包藥記得拿進來！」本欲進來的女人又匆匆的跑回去拿東西，跟着進來的還有一個外籍印傭，手上提着大包小包，因為東西太多，實在握不住晃啷啷的全掉在地上，其中有一包看起來是成人紙尿布。鏗鏗鏘鏘的一塊兒進來後，我彷彿看到了一伙拿着鑼鼓、銅鈸趕來新春團拜的醒獅隊，這時獅子再次發難了：「喂，你地嘈完沒？」

老人瘦瘦小小，半坐半臥的攤在輪椅上，像極個睡夢羅漢，他看着我，眼神有種我謀了他家產的怨恨。我戒慎恐懼的說：「老伯，你邊度唔舒服？」老人挺起身子不滿的說：「我度度都唔舒服！」也許太過激動，他的腰一陣抽痛，呀呀的叫個不停，他太太又是一陣安撫，身邊的中年人插話說：「我爸昨天不小心跌倒。」我問：「是滑倒嗎？摔到哪裏？」老人搶着說：「唔係滑，係我走太快。」我說：「老伯，你都八十歲了，仲走咁快？」這時老人突然瞪着印傭說：「最衰都係佢，唔係佢無端端丟咗我張唱片，我就唔駛追佢嚟打。」他太太說：「算啦，都幾十歲了，脾氣仲咁燥。」只見印傭低着頭不發一語。

老人痛在下背部，光是移動一下就痛得哇哇叫，嘴裏咕噥的一陣臭罵，話語間還不時夾雜着非常道地的廣東粗話。

我給他排了檢查，等他再次進來時，我指着電腦的影像說：「老伯，你之所以咁痛，係因為你背脊有條骨斷咗。」老人瞪大了眼，嘴裏又咕噥一句：「咁大劑！」我眼睛回到他兒子身上說：「正常的脊椎骨就像磚塊一樣，一節一節的堆疊，如今他第一節腰椎已經整個垮下去，高度只剩下原本的一半，這叫壓迫性骨折。」他太太焦急的問：「做乜會咁樣，佢只不過跌咗一下？」我說：「老人家多半有骨質疏鬆症，別說跌倒，有些老人不過是打個噴嚏或伸個懶腰，骨頭就斷了。」老人已一臉茫然，我說：「由而家開始，莫講走，你連企都唔得。」

這時，我注意到站在牆角一直頭低低的印傭，嘴角竟泛起一抹幸災樂禍的微笑。

骨頭脆

隨着年齡的增長，人體的結構開始改變，該下垂的就下垂，該變軟就變軟，骨質的變化尤其明顯。如果把骨頭剖開，最外層是堅硬的皮質骨（Bone cortex），內在是骨髓（Bone marrow），是人體的造血器官，由許多縱橫交錯的骨小樑堆疊而成，結構就像緊實的海綿。如果再更微觀的去檢視，骨頭本身由兩組細胞構成，第一組是負責建構骨頭的成骨細胞（Osteoblast），另一組是負責對骨質分解破壞的噬骨細胞（Osteoclast）。雖然外觀上骨頭是堅硬的固體，其實它更像是一條流動的河川，成骨細胞不斷造骨，噬骨細胞則不斷刨骨，兩者形成一個穩定的平衡。隨着年齡的增長，平衡會被打破，若是成骨細胞過度活躍，則長成骨瘤；反之如果噬骨細胞破壞太多，則造成骨質大量流失，形成骨質疏鬆症。骨質的流失使得骨小樑更加單薄，緊實的海綿漸漸退化成空洞的乳酪，一折就斷，一壓就扁。年齡增長、營養不良和地心引力，是老人骨折的元兇，一旦老人發生骨折，就得臥牀，老人一旦臥牀，一隻腳已然伸進了棺材。

預防骨質疏鬆症之所以重要，是因為可以減少老人的失能和死亡。因疼痛而臥牀，會給老人帶來許多的併發症，包括肺炎、泌尿道感染、褥瘡、血栓、中風，許多老人會因此在泛黃和發臭的牀褥上鬱鬱而終。預防骨質疏鬆要從生活做起，均衡的營養、鈣質的攝取、適當的運動和陽光的照射。婦女因為停經後少了女性荷爾蒙的保護，比男性更容易患上骨質疏鬆症，因此單一的鈣片服用顯然是不夠的。目前治療骨質疏鬆症的藥物非常多元，從第一線的雙磷酸鹽類藥物（Biphosphonate），第二線的單株抗體製劑（Prolia）到第三線的人工合成副甲狀腺素（Forteo），都可以有效的預防骨質疏鬆，進而減少骨折的發生。

要劏要殺隨便你

然而一旦發生骨折，則需要外科醫師的介入。手術的目的是減輕疼痛、恢復功能、早日行動和避免臥牀。於是，和家屬討論後我們決定給老人進行手術，老人非常排斥，嚷嚷的叫着：「打死我都唔開刀！」老太太比他更狠，淡淡的說：「如果你唔開刀，又死唔晒，日日咁痛，你會生不如死。」

大新年說這種說雖然觸霉頭，但老太太的話卻是句句屬實。我告訴老人，手術只需半個小時，不需要全身麻醉，只留一個不到 0.5cm 的傷口，手術後疼痛馬上就會減輕，而且不用住院可以立即回家。老人懷疑的看着我說：「真係咁犀利？」我說：「就係咁犀利！」

老人就這樣被我哄進了手術室，從輪椅搬運到手術台，整個過程比搬運鋼琴還要艱辛。老人不斷的喊着痛，聲音震耳欲聾，還會罵人，粗話滿天飛，大年初四整個開刀房雞犬不寧，好不容易把病人安置好，醫生護士早已滿頭大汗。老人趴在手術台上，背部衣服掀開，肚子下方墊着一個方形的軟墊子，像一尾祭神的燒豬，雖然已人為力俎，他的嘴仍停不住的罵：「要劏要殺隨便你！」

我要給老人做的叫椎體成形術（Vertebroplasty），首先在病人背部注射局部麻醉，用 11 號刀片在皮膚上劃開一個 0.5cm 的傷口，使用一根相當於原子筆芯粗的探針，穿過背部的肌肉；通過 X- 光透射定位，探針進入脊椎的背部後，沿着狹窄的椎弓不斷往前進，這時得要格外小心，因為稍微內偏探針將會捅進脊髓，後果不堪設想。探針中間是中空的，像吸管，抵達破裂的椎體處後，就可以灌入骨水泥，水泥會沿着裂開的隙縫分佈填充，10 分鐘後，骨水泥凝固變硬，破裂的骨頭因為獲得水泥的支撐和固定，病人的疼痛就可以大大的減輕。

萬水千山總是情

手術過程中，老人一直動個不停，還不斷的喊：「我到底做錯啲乜嘢，你要咁對我？」我說：「老伯，唔好郁來郁去，咁樣好危險！」老人充耳不聞，一位護士看不過去走到他耳邊說：「你要點先可以唔郁？」老人說：「我要聽歌。」我當外科醫師這麼久，第一次聽到這種要求，這間手術室剛好沒有收音機，好在有幾位漂亮的護士，我使了個眼色，一位眼睛大大的護士就湊前去開始唱：「你問我愛你有多深，我愛你有幾分……」老人看起來很不滿意，動得更兇，嫌棄的說：「我唔識普通話，我要聽廣東歌！」可憐的鄧麗君硬生生的被趕下了台，不得已喚來阿姐汪明荃：「莫說青山多障礙，風也急風也勁……」真多虧了這首《萬水千山總是情》，我才能順利完成手術。

三天後，病人回診，老人慢慢的走進來，他的痛已大大的緩解，滿面春風，笑容可掬，第一次發現這個老人不罵人的時候原來這麼可愛。從病歷上我注意到他們是從大老遠的玻璃市過來的，開車好說也要三個多小時，老人緊緊握住我的手說：「我家下終於明白，當初人地點解話你好犀利。」我說：「以後記得咪走咁快。」要離開前，他大聲呼喝印傭說：「快啲拎個籃入來。」印傭匆匆的捧了個好幾尺高的大花籃放在我桌上，我說：「又唔係近，山長水遠，就不唔使送咁厚嘅禮。」老人笑笑，說：「你唔記得啦？點遠都好，萬水千山總是情！」

要命的紅豆

在我的職業生涯裏面對過各式各樣的疼痛，從簡單的頭痛到足以把人逼瘋的三叉神經痛，從最輕微的刮傷，到嚴重的截肢。疼痛出現在我們每一格的人生風景裏，即使碧海藍天陽光嫵媚的午後，你也能發現它隱匿在陰影的角落處。它是生命亙古不變的詛咒，從誕生的那一刻就如影隨行，直到死亡的到來、生命的終結。

有些痛，咬咬牙就過去，有些痛卻像攀爬在大樹上的芒刺，無止盡的淩遲，直到最後一片葉子的凋零。

像一列失速火車

陳大富，四十歲，身高一百八，剃了一個光頭，右手臂刺了一條龍、左手臂刺了一隻鳳，不管你相不相信，這個壯碩得宛如巨石強森（美國職業摔角手）的男人，幾乎是用爬的進入到我的診間。

他看着我，沮喪的八字眉幾乎垂到了嘴邊，我問他哪裏不舒服，他先是歎了一口氣，然後開始咒罵，從祖宗一代到十八代，每一位都請了安，直到他飆完百科全書裏的每一句髒話，才苦哈哈的說：「醫生，真的他媽的痛啊。」

一個月前，他在健身房，從午後開始，他的左下肢便出現悶悶的痠痛。幾天之後在痠痛的背後混雜了像針刺的麻痺感，起初他不太在意，覺得不過是血液循環不足。然而，疾病的進展常常是一列失速的火車頭，直到它撞得稀巴爛，你才知道事情比你想像的還要嚴重。

某一個晚上，他突然感到痛醒，像蝦子一樣弓着在被裏打滾，左下肢從屁股延伸至腳踝，萬蟻奔騰，彷彿有根電線發生短路，十萬伏特的電流使得每條肌肉都在抽搐顫抖。他從沒有經歷過如此劇烈的疼痛，第一次感受到人生的絕望，他呻吟着，喘着，額上沁滿了汗珠，雙眼含着淚直到天亮，一直到親友發現把他從牀上搬起來，才發現他已經尿了一牀。

檢查做完，我說：「你想看看你的腰部影像嗎？」他把頭靠過來，如果疼痛有味道，我彷彿聞到一陣苦澀。我指着黑白的核磁共振影像說：「腰椎第四、第五節之間的椎間盤——就是一般人所說的軟骨——跑了出來，結結實實的壓在左側神經根上，這種痛叫坐骨神經痛。」

古老的痛

坐骨神經痛是一種古老的痛，那是腰椎神經根被擠壓的結果，打從《聖經》就有記載，莎士比亞有過詳細的描述。話說回來，它是人類進化成直立人的詛咒，就像人類妄想建造巴別塔以便更接近天堂，於是把上帝設計用來爬行的脊椎，硬生生的扳直挺立，不惜違背地心引力這個最基本的物理定律，只為了和創造者平起平坐（或超越？）。不當使用的結果，就是人類的脊椎比所有的脊椎動物更早退化，或許這是人類這個物種特有的疾病，要不然你什麼時候聽過你家的阿貓阿狗也抱怨坐骨神經痛的？

小傷口大改變

陳大富二話不說就接受手術，沒什麼比痛更能說服病人開刀。手術沒有想像的複雜，從背後磨開左側腰椎第四、五節之間的椎板，把神經用一個特殊的勾子拉到中間，就能暴露底下破裂隆起的椎間盤。在顯微鏡底下，它像一朵盛開的純白蓮花，只不過是染血的，看起來好像非常巨大，其實沒有比一粒紅豆大多少；用夾子把這一小撮跑出來的軟骨拿掉，確定神經根再也沒有受到擠壓，手術就算結束。

別小看一粒紅豆，是它打敗了巨石強森。術後，陳大富的八字眉頓時變成「v」字，洪亮的嗓子充滿了希望，手術前的絕望吶喊彷彿是一百萬年前的事。神經外科醫師的偉大，就是可以用一個不到兩公分的傷口，改變一個人的命運。想像一下要是陳大富生長在侏羅紀時代，唯一的結果就是帶着八字眉的苦情無悔的奔向霸王龍。長痛不如短痛。

疼痛是生命的一部分，就像有光就有影子。因為疼痛我們更加珍惜無病無災的歡樂，少了這種古老的感覺，我們就和一棵椰子樹沒什麼差別。我在想，上帝強加在我們身上的苦楚其實有祂的目的，就像陳大富，往後的日子當然不可能像王子公主般從此幸福快樂，但他一定格外的感謝每一刻得來不易的平安。

錘子和釘子

螺釘由鈦合金鑄造，足有五公分長，在手術室強烈的光照下寒光四射。它的前端無比的尖銳，沒有人會懷疑它削鐵如泥的本事，一圈圈由前往後旋轉的螺紋，邊緣鋒利凜冽，吹毛立斷。末端處電刻了一排黑色的英文字，知道是 2021 年由瑞士製造，在市場排山倒海都是中國貨的當下，它顯得無比奢華。隨了螺紋往下旋轉，它斷開了結構緊實的骨小樑，不斷往深處推進，在狹窄的椎弓處，避開了脊髓和神經根，直達椎體的骨髓，牢牢控住。如此的螺釘一共有八枚，分別打入四節的椎體內，宛如轟隆巨響擊入黃土的地基。左右四根，各在其末端套上竿柱，拴上螺帽使之連接，兩根竿柱中間再架上橫桿，防止椎體的旋轉滑動。隨着每一粒螺帽的再次栓緊，金屬和金屬間因磨擦發出刺耳的吱吱聲，四節脊椎從此堅不可摧、牢不可破。

如此一張腰椎的 X- 光片橫掛在我面前，八根螺釘像老鷹的爪子狠狠由第三腰椎一直釘到薦椎。六十四歲的病人蜷縮在輪椅上，身子歪到一邊，表情痛苦猙獰，稍一動作不慎，即痛得冷汗淋漓、哆嗦呻吟。

打了一根又一根

好比八年抗戰，總有個開頭，他的故事從八年前開始，導火線的 918 事變不過是一個簡單的背痛。其實只不過是搬了一盆花，如果真有什麼早知道，給他一千個億，他也不會移動它分毫。他痛了一個星期，懷着有病淺中醫的念頭，他有生以來第一次踏入醫院，核磁共振（MRI）一照，哇啦啦不得了，醫生皺了眉，彷如宣告世界末日已經到來的說：「長了骨刺，還壓到神經！」完了，醫生說有可能會癱掉，到時臥在牀上任人把屎把尿的日子不遠了，他腦海正中央頓時升起了碩大的蘑菇雲。他用了 9 個小時 58 分鐘便下了決定，隔天，雞還沒啼就打了電話到醫院表示同意醫生所說的手術，在接下來的 9 個小時 59 分不到，他就被推進了手術室。醫生把他的第五節腰椎、第一節薦椎的椎板拿掉，同時用了四根螺釘把椎體固定起來，醫生說：「你看，釘得牢牢的，比什麼都強！」終於可以頂天立地、安枕無憂了，就像拜神一樣，有釘有保祐。

然而，背痛依舊存在，更糟的是，術後雙腳開始疼痛，那是一種火燒的痛，又像萬蟲蠕動，痛徹心扉。忍了三年，忍無可忍，他再去找醫生，這一回醫生搖了搖頭說：「你怎麼搞的，明明把你修好了，上面那一節又壞了！」疼痛是個磨，早已磨掉他的志氣，甚至僅存的抗辯能力，他唯唯諾諾的點頭，千錯萬錯都是自己的錯，誰叫自己又把它搞壞了，近乎乞求的說：「醫生求你再幫幫我。」他再次被推進了手術室，往上再第四節腰椎多加了兩根釘子。可是，術後依然在痛，不單背無法挺直，雙腿更是痛得無法伸直，他成天像隻蝦子佝僂的縮在輪椅上，然而疼痛的磨卻反而愈加瘋狂的轉動。

從此之後，他成了醫院急診的常客，最後從常客變成奧客，因為每一次去，他都要求打針，從一般的止痛藥，慢慢的變成嗎啡，然後是更高劑量的嗎啡。從一開始哀求最後是咆哮，他的志氣早已蕩然無存，只求一刻不痛，如果說殺人可以止痛，他真的立馬可以從輪椅上爬起來，而且很確定要殺的是誰。他成了島內所有醫院的拒絕往來戶，每一次出現在急診門口，「又來了！」醫護人員彷彿看到瘟神一樣嘟囔，把他視為邪祟、一個嗎啡癮君子。

走投無路後，他再去找另外一位醫生。醫生寶貴的時間裏壓根兒聽不進他冗長的故事，只對手中的 MRI 興致勃勃，醫生說只有手術可以幫到他，他聽後馬上打了一個寒顫，醫生說：「你已經痛成這樣，手術再失敗也沒有比現在更糟的了！」第三次手術，醫生毫不猶豫的在第三節腰椎處又多加兩根釘子，於是他的固定從薦椎往上一直做到第三腰椎。這是一個萬丈高樓從地起的概念，人類在地表濫墾濫伐、大興土木、對土地極盡摧殘的決心，用在同類的身上竟然一點也不含糊。

不是所有的八年抗戰都是勝利告終，病人來看我時已是瘦骨嶙峋，轉動的磨已經失控，從他身上感覺不到任何生命的氣息，他哀怨的看着我說：「不管做什麼都可以，只要不痛就好。」我憐恤他背部歷經三次手術的斑斑傷口，卻只能坦白告訴他能做的不多，或許可以神經阻斷以減緩疼痛。最後外傭推他離開了診間，離開時他臉上沒有期盼也沒有失望，那是一種可怕的、徹底放棄的絕望。

沒完沒了的修補？

光是一個椎體就有六面關節，層層堆疊相互連接就構成了我們的脊椎，它像樑柱，堅挺無比，又像鞭子，非常靈活，可以前後彎曲，左右轉動。它的功用除了支撐身體外，另一個最重要的功能就是保護由腦往下運送的脊髓神經。許多因素會造成神經的壓迫，好比骨刺（椎間盤突出、黃韌帶肥厚）、椎體移位或外傷。當神經受到擠壓，臨牀上會出現四肢麻痛、無力或大小便失能，嚴重時就需要手術介入。

切除壓迫神經的骨刺可以緩解疼痛，矛盾的是切除不夠，術後仍會疼痛，過多則會造成椎體的不穩定，於是既要獲得足夠的神經減壓，又要得到足夠的穩定，就需要使用螺釘來固定。

然而絕對不是有釘有保祐，椎體的融合固定會帶來許多的後遺症，包括降低脊椎的靈活度、增加神經受損的風險、術後背痛，以及加速交接處椎體的退化。因此，盡可能保留住脊椎的生理靈活度是手術的上策，非不得已不使用螺釘。如今醫學的進步已經發展出許多微創手術，其目的就是在獲得神經減壓的同時又能減少脊椎的破壞，進而減少螺釘的使用。

有個笑話説，當牙醫的不會餓死，嘴裏三十二顆牙，拔完一顆還有一顆。同樣的，脊椎從頸椎到薦椎一共二十六節，開完一節還有一節。所以脊椎手術是一門良心事業，隨了年歲的增長，脊椎的退化在所難免。如果把每一根骨刺都視作芒刺，每一看到都要趕盡殺絕、除之而後快，每一處的軟骨突出都當作病因，把所有老化過程應有的變化都無限上綱的污名化，脊椎手術就會沒完沒了，許多不必要的手術都會在合理化後進行。可怕的是，醫生還會做得名正言順、理所當然。在歲月的流動中，我們要接受老化的事實，接受骨刺的存在，就像接受臉上的皺紋，沒必要背駝了非得要把它架高，奶垂了就一定要隆起，違背自然定律就像對抗地心引力一樣的愚蠢。

如果醫生都把自己看成一把錘子，每個病人都會變成一根釘子。文章裏的醫生可以是每一個醫生，包括我自己，病人可以是每一個病人，包括正在讀文章的你。但願我們不做錘子也不做釘子。

神聖的殿堂

外科醫師是一個很怪異的族羣，即使我是其中一員，也很難給我們這一類人做明確的界定。當中有自大、目中無人的，有小器、自私自利，也有粗獷、熱情奔放。我認識一位外科醫師，身高一米八，虎背熊腰，因為喜歡喝酒，肚腩大得快要垂到膝蓋，走起來路來像一隻懷孕的紅毛猩猩；他有一雙碩大的手，每一根指節都像擁腫的德國香腸，無論從哪個角度看，他都像個屠夫或是伐木工。然而，這個和外科印像一點也沾不上邊的男人，開起刀來卻非比尋常的靈巧，動作行雲流水，五根肥胖的手指探入腹部，在滑順的腸子間遊走，宛如小精靈在花叢間穿梭，他每一台手術都是藝術，看他開刀是一種視覺享受。

外科醫師就是這樣一類人，你永遠搞不清楚站在你面前的是怎樣的一個，於是去醫院看病就像到廟裏拜拜，找外科醫生開刀就像求籤，搖到半死，搞不好掉出來的還是一支下下籤。

我們也無須太過悲觀，大部分外科醫師都是熱忱的。無論個性如何，一旦進入開刀房，外科醫師就會變得異常冷靜、清晰且嚴謹，因為手術室之於外科醫師，就好比教堂之於牧師，是神聖而不可侵犯的殿堂。

於是，我常告訴自己，我的工作是神聖的。

切開三歲小孩的頭皮

有一次，一位媽媽抱着她的小孩來看我，小孩三歲，安靜的躺在媽媽的臂彎裏，毫無張力的四肢往下垂，像一隻沒有生命的布娃娃。我注意到他雙眼睜大，眼球往下翻，半截露在眼瞼下緣的虹膜就像日落西山的夕陽。這是中腦（Mid brain）被壓迫的癥狀，表示他的顱內壓（Intracranial pressure）非常高。檢查報告出來是後顱窩（Posterior fossa）的血管母細胞瘤（Heamangioblastoma）。腫瘤就長在小腦上緣，剛好就在天幕（Tentorium）下面，天幕是腦膜的延伸，是一層珍珠白的膜，把大腦和小腦分隔開來。巨大的腫瘤壓着第四腦室（4th ventricle），造成急性的水腦症（Acute hydrocephalus）。

手術是緊急的，和許多外科不同的是，神經外科的許多手術都得和時間賽跑，我大可把手術排到明天，但不想夜長夢多。我切開病人後腦杓的頭皮，在骨頭上鋸開一個比五角錢大一點的洞，除了神經外科，誰會在一個三歲小朋友身上做這種事？

「只有你們這種『神經病』外科才會這麼瘋狂。」講話的是泌尿外科的同事，他剛結束手術從隔壁房跑進來竄門子。

「修電腦這麼高級的事，」我笑笑的說，「你們這種只會通下水道的是不會懂的。」

他哈哈的笑着，輕輕拍拍我的背，比出一個大拇指說：「聽說你要八個小時，加油！」

外科就是外科，大剌剌，不拘小節，而且滿滿的革命情感。

進到神的領域

我再次回到手術的世界裏。每一次動後顱窩手術我都心生敬畏。因為這裏是生命的中樞，是禁區，是非人之地，剪開硬腦膜的剎那，我彷彿看到有面紅色的牌子豎立在那裏，寫着：生人勿進。我輕輕的把小腦往下推，製造出一個不到兩毫米高的空間，兩根手術器械慢慢的深入，感覺是在隧道裏踽踽爬行，從顯微鏡的氚氣燈管發出的強烈光線，讓我們可以窺探這個神秘的世界。我爬在小腦的上面，頭上是巨大而蒼白的天幕，尤如佛羅倫薩大教堂的穹頂。我深吸一口氣，在這隱蔽的空間裏，蘊藏着我們的意識和情感，以及一切維繫生命的功能，不允許出現任何的差錯。攀爬在小腦和腦幹上的血管縱橫交錯，在顯微鏡底下發出閃亮的暗紅色的光芒，宛如是一簇簇燃燒的荊棘，這是神的領域，我隱約聽到上面有個聲音在説：「不要近前來，當把你腳上的鞋脱下來，因為你所站之地是聖地。」(《聖經．出埃及記》)

血管母細胞瘤就深藏在教堂的正後方，有一部分深嵌在第四腦室的壁上，它就像一團吸飽血液的海綿，隨腦組織的搏動上下的起伏。我慢慢的分離纏在它上頭的血管，要是一個不小心，術後病人也許就不再醒來。不管你相信否，打從一開始就輪不到我左右手術的結果，決定手術成功與否的，完全視乎病人的運氣，還有外科醫師有沒有虔誠的禱告。

人事天意

淩晨兩點，縫好病人的傷口，手術終於結束，我沒有做什麼壞事，卻沒有把握病人能不能醒來。外科醫師的工作就是竭盡所能，接下來就是順從天意，在我的經驗裏頭，好在老天都是慈悲為懷的多，處處刁難的少。

八個小時的手術，早已人困馬乏，但我還算幸運的，因為在長廊的另一頭，心臟血管外科醫師正睡眼惺忪的跑進來，我看到口罩還戴反了，一台緊急的大動脈剝離修補手術才正要開始。

在這個外科醫師神聖的殿堂裏，永遠燈火通明。

60cc 的悲傷

我把老先生擺成側躺的姿式，雙膝彎曲，雙手抱住膝蓋，老先生本來就瘦骨嶙峋，經這樣一放，乍看去就像一隻乾巴巴的蝦米。他幾天前來看我，因為家人發現他最近走起路來踉踉蹌蹌，老是跌倒，偶爾還會尿失禁，我擔心他患上了水腦症（Hydrocephalus），於是就給他收住院做腰椎穿刺（Lumbar puncture）。過程是將一根細細長長的針從下背部的皮膚穿過肌肉置入到硬膜囊（Thecal sac），引流出 50 至 60cc 的腦脊髓液（CSF）。倘若他真的患上水腦症，排掉過多的腦脊髓液後症狀將獲得改善，接下來我就可以給他安排腦室 — 腹腔引流（Ventricular-Peritoneum Shunt）手術。

可以再說下去嗎？

「親愛的天父，請保守醫生所行的一切都順順利利。」雖然老先生背對着我，我仍聽到他默默在禱告。實不相瞞，半小時後我還有一台手術要進行，實在沒有太多心思在這裏磨蹭。好在穿刺的過程還算順利，當感覺到手中的長針進入硬膜囊，腦脊髓液立馬涓涓的流出來；起先速度還算快，直到收集了 20cc 就開始變慢，宛如作家枯竭的靈感，每 10 秒才艱辛的淌出一滴；要是再這樣耗下去，一個小時後也收不完 50cc。正在我焦急難耐時再次聽到老先生的禱告，我發現一旦病人開口說話，流淌的速度就會變快，這叫我看到希望，於是原本只想速戰速決的心態不得已開始挖空心思討病人說話。

「伯伯，你是基督徒嗎？」我問，其實壓根兒沒期望病人回答些什麼，只想找個話題叫他開口。「是啊，我是兩年前開始信主的。」他說完，句點之後，潺潺流水也跟着打住，我只好再問：「是什麼原因讓你決志信主？」老先生靜靜的，佝僂的身軀像一座山，水流乾涸，一陣沉默後，老先生開口說：「醫生，你真的想聽嗎？」我愣了一下，看看牆上的時鐘，知道病人已經躺在手術室，我開始心浮氣躁，很想誠實的告訴他我丁點都不感興趣，只希望趕快結束離開這裏，但是誠實成不了大事，我只好說：「是啊，你可以說來聽聽嗎？」如果上帝知道我在戲弄祂的僕人，單憑這句話就足以讓我下地獄。

「我有三個兒子。」老先生說着，頓了一下，彷佛思索着要不要繼續往下。「那一年，我最小的兒子剛進入拉曼大學，我勞碌了大半輩子，他入學那一天，讓我覺得一生的辛苦都是值得。」水一滴一滴的不斷往下流，已經收集到 30cc。「醫生，不知道我一直嘮嘮叨叨會不會干擾到你工作。」其實打從一開始我就心不在焉，唯一目的就是量杯快快裝滿，我說：「不會，你繼續說就是。」是的，只要水能夠流出來就好。

「學期末，他和社團的幾位同學打算去怡保一家老人院做社區服務。」說到這裏，我發現病人的身體突然變得僵硬，引流也截然而止，接下來就聽到一陣粗重的喘息，我緊張的站起來，拍拍病人說：「老先生，你還好嗎？」他舉起手揮了揮表示沒事。「他們五個人共乘一輛車，我兒子就坐在後座的中間，」老先生一字一句的說，聲音沙啞滄桑宛如一座傾頹的墓，「直到現在我都不知道意外是如何發生的，車子在路上翻滾了幾圈，我兒子被拋出車外，其餘四個人包括駕駛都毫髮無傷，但是我兒子卻死了。」

我怔住，手裏握住的量杯差點掉在地上。這不是我的目的，我只不過要一些無關緊要的聲音，卻不小心釋放了一位老人心裏最悲傷的獸。只見他全身微微顫抖，右手緊緊揪住左胸，像突發心絞痛的病人拚命握住垂死的心臟。

「只有我兒子死了。」老先生喃喃的重複着，「直到現在每一念及，我的心都是撕裂的痛。當時我真的不想活了，第一次體會何謂萬念俱灰，老伴說要是我真的走了，她也會跟着一起去。此時我兩個兒子都已經信了主，他們就把我帶去了教會。」我開始專心聆聽老人的故事，雙手輕輕拍着他的背，為我剛才高傲自私的所作所為感到羞恥。牀前傳來隱隱約約的啜泣，腦脊髓液簌簌的滑落，宛如傷心的人流不完的淚。

量杯已滿滿的 60cc。

此時我需要陪伴他

我拔掉老先生背後的長針，蓋上紗布，貼上膠帶。手術室已經呼叫我三次，我沒有離開，就是覺得此時我需要陪伴這個老人，我這個人木訥講不出什麼感人肺腑的話，但願一下溫暖的觸摸，可以稍稍撫平一個無法痊癒的傷口。

「我去了教會幾次，無論如何也走不出傷痛，我曾經站在二十樓的陽台上，訝異的發現跨出那一步竟然沒有想像中的難。」老人繼續說：「直到有一天，牧師對我說了一句話。」腰椎穿刺早已經結束，老人始終背向着我，我們自在得像老朋友在聊天，我溫柔拍打着他的肩示意他說下去。「牧師對我說『人的結束，神的開始』，這句話像活水泉源灌注到我枯竭的靈魂裏，從此我就把生命交給了上帝。」

醫學的進步，可以免去人的不適和疼痛，也讓人延年益壽，然而，面對破碎的心和受傷的靈，醫學終究無能為力，而宗教的力量可以彌補當中的不足。

老人慢慢轉過身來看着我，對我靦然一笑。雖然時間在宇宙的黑暗和虛無中運行了一百億年，但是如果沒有生命的參與，一秒鐘或一萬年壓根兒都沒有意義。如果冥冥中有什麼力量安排了我和老人的萍水相逢，此刻生命之間擦出來的火花，在渺小的時間洪流裏着實發出了光，哪怕是微不足道的一丁點，對我們來說已是彌足珍貴。

去手術室前，我再次看着推車上放着的量杯，平靜的液體晶瑩剔透，彷彿有一股魔幻的力量；它源自於老人腦海的最深處，如果說真有靈魂的存在，我相信就在裏面，它裝着老人一段曾經不堪回首的過往，一共是 60cc 的悲傷。

午夜的森巴

牆上的鐘指針正指着午夜三時。

頭殼已打開了六小時

我坐得屁股痠痛，兩腿發麻，而且很想哭。眼前這顆腦袋已經被我打開超過六小時，腦部撐開器把兩額葉硬生生的掰開，從顯微鏡看下去，就像兩瓣鮮紅的玫瑰璀璨地盛開。

六個小時的折騰，外加午夜的空虛寂寞和冷。我身旁這位原本活潑可愛的跟刀小護士早已換了一幅苦哈哈的表情，眉宇間飄着絲絲的怨恨，口罩掩蓋住了她的咬牙切齒，酸巴巴的說：「加油哦！陳醫師，早點開完早點回去休息。」言下之意就是：你最好給我早點結束，你不想睡，老娘可是要睡的！

如果問什麼叫絕望，我現在就是，我盡可能克制自己把頭去撞牆的衝動。監示器上的嘟嘟聲了無意義的叫着，滑落的點滴帶着時間不斷流逝，麻醉醫師以及好幾位護士眼神渙散的瞪着我，手術探照燈底下，就像看着一個赤裸裸的小丑在演獨角戲。

不知道誰放了一個屁，充滿怨念的氣味，開始無止境的在手術室內蔓延。時間又過了一小時，我仍舊鬼打牆似的在這顆血淋淋的腦袋內撥弄，始終還是找不到這個小惡魔。

躲着的小惡魔

這是一個倒霉的病人，兩個月前我才替他切除了右腦像橘子般大的腦膜瘤，這個晚上他又被抬進了急診，診斷是左腦動脈瘤破裂出血，如果人生就是大樂透，他已經中了兩億。

我得要趕緊把這顆動脈瘤夾起來免得它再破，每一次的再出血，病人就會往鬼門關跨前一步。可是夾動脈瘤並不是件有趣的事，得小心的把腦葉分開，沿着怒漲的血管由淺至深慢慢探入，直達生命的最深處，它通常會躲在腦幹附近，模樣像極一粒調皮的小葡萄，非常討喜；但是如果手術當下破了，你會毫不猶豫罵出有生以來最難聽的那句髒話。

此時此刻，我遊走在亞馬遜叢林裏，依附在腦皮質上的血管盤根錯節，血液伴隨着腦脊髓液不斷在腦池中滲出，內頸動脈、前大腦動脈、中大腦動脈和視神經就像腐爛的枯枝，浸泡在這潭沼澤裏。我心浮氣躁又得步步為營，身邊還有幾位護士正虎視眈眈，前路茫茫，柳暗花不明，坦白說，我已經迷路。

「找到了嗎？」麻醉醫師問。我心想：「找到才有鬼。」我默默的低下頭，繼續的尋找，用一根細細小小的棒子，撥開纏繞在血管上的蜘蛛膜，血管沒破是老天的恩賜，好不容易又前進了 3 毫米。這一回我看到了動眼神經，細得像根髮絲，萬一弄斷了，他左眼瞼就再也睜不開，一輩子就像海盜船長般帶着眼罩度日。我偏離一點角度，往另一個方向前進，一坨血塊像濕塔塔的海藻出現在眼前，用抽吸管唰一聲把它吸掉，「嘩！」我差點叫出聲來，一口氣硬生生的卡在喉嚨裏，眾裏尋他千百度，驀然回首，小葡萄原來正在午夜的燈火闌珊處。

致命的 0.5 公分

電影進入高潮，昏睡的人都醒了，我還隱約聽到外頭公雞的雄雄啼叫。這粒動脈瘤大小不到 0.5 公分，顯微鏡底下卻大得嚇人，它不只是一粒紅葡萄，而且還是一粒熟透的紅葡萄，嬌艷欲滴，薄薄的血管壁下，血流在裏面波濤洶湧的翻滾，感覺快要破了。佯裝得一臉無辜的大壞蛋就在眼前，我屏住氣，像湯姆克魯斯（Tom Cruise）一樣，這是一項不可能的任務。

我選了一根合適的夾子，把它固定在一個鉗子的尖端，然後命令把音樂關掉，連吞口水也被禁止，免得褻瀆了此時此刻的莊嚴。麻醉醫師把病人的血壓降到最低，難以言喻的低氣壓彷彿把空氣抽離，真空底下沒有任何的聲音，只感受到自己鏗鏘的心跳。我專注着這一粒緩緩搏動的肉丸子，夾子必須很精準的夾住它的根部，不容一丁點的差池。

一切都來得太突然，就像有人啟動了擴音大喇叭，從天而降飆來一句難聽的咒罵；雖然是英語發音，卻不帶絲毫的浪漫或優雅，我相信這句髒話不是出自於我的嘴巴，也許來自麻醉醫師，也許來自我身邊這位漂亮的小護士。因為，一來我罵髒話都習慣用廣東話，二來我已經被嚇得目瞪口呆。動脈瘤在我的夾子碰觸它的根部時破了，血流像潰堤的洪水蜂湧而出，顯微鏡所見只有一片通紅，一股寒意從我腳跟竄到後腦杓。我愣了大約 3 秒鐘，這 3 秒就像一年這麼長，當我驚醒過來，我知道我得要趕快做些什麼，要不然病人一定會死在我眼前。

生死 5 分鐘

好在湯姆克魯斯沒有棄我而去，我慢慢回收流失的勇氣去收拾這個殘局。

「快！把抽吸管換成大號的。」血泊已經氾濫溢過傷口流得滿地都是，必須把血吸去，我必須再次看到長出動脈瘤的那根大血管。抽吸管在我手中震動着，溫熱的血流不斷流過我的掌心，象徵着病人的生命正飛快的流逝。

「500cc！」蹲在抽吸桶邊的護士大聲報告，30 秒不到就已經流掉 500cc 的血，麻醉醫師大聲呼叫趕緊從血庫再搬些血過來，時間撐不了多久，再不把血止住，等血庫的血來到，病人的早就流乾。我伸進去一塊棉墊，把出血處壓住，朦朧中我看到了那根大血管，我接過護士遞過來的特殊夾子，暫時把大血管夾住。

「開始計時。」灌流至腦部的血流已經被阻斷，我只有 5 分鐘，最多 10 分鐘，可以把動脈瘤夾住，然後把大血管上的夾子放開，要不然病人左邊大腦將永久性中風。我再次看到那顆動脈瘤，以及底下的破洞，這粒可惡的葡萄正對我咧嘴大笑。我沒有時間再罵髒話，嚴格來說連喘口氣的時間都沒有，眼睛一刻也不敢離開顯微鏡。護士在我手上放下鉗子，我看準了那個破洞，屏住氣息，輕輕的把夾子靠過去，狠狠的把它夾住。

一陣呼喚響徹整間手術室，我癱坐在椅子上，不到 5 分鐘的時間，全身的力氣彷彿已經被抽乾。麻醉醫師在我肩膀拍了一下，感覺我的雙手仍在發抖，不知道是幻覺還是我的錯覺，如今身旁這位小護士的眼睛水汪汪的，突然變得漂亮。

像豐收季慶典的鳴鑼，收音機的音樂再次響起，聲聲傳來草蜢的《忘情森巴舞》，每個人隨了音樂的節奏身體不斷的擺動，興奮溢於言表。我閉起雙眼，撫摸着汗涔涔的雙手，享受着這一刻屬於我的寧靜，讓心跳慢慢的緩和。我不知道剛剛離死神有多近，但確定的是我貼身的和他跳了一支舞，當曲終人散，他優雅的轉身，感謝他的慈悲，離開時並沒有帶走我的病人。

關閉的靈魂之窗

那一年希達雅十八歲，在一次小學同學聚會上，他們開心的玩起孩童時的捉迷藏遊戲，「做鬼」的希達雅雙手交叉趴在牆上，其餘的朋友則開始找地方躲，且大聲嚷着：「眼睛閉起來，不准偷看！」希達雅誠實的關上眼睛，大聲的數着：「一、二、三……」等到數滿十下，她張開雙眼，頓時一陣茫然，眼前盡是漆黑一片，她有點不高興的說：「你們好奸詐，是誰把燈關了？」她揮舞着雙手，摸索前進，直到一頭撞在門緣上，她痛得大叫癱坐在地上，幾個朋友聽到後跑過來把她扶起，她生氣的說：「把燈打開吧，我不想玩了。」其中一個朋友說：「我們沒有關燈啊。」希達雅愣住了，她把雙手舉到眼睛前，縱使手掌已經碰到了鼻尖，眼前的一切，仍然是無盡的闇黑。

燈給關了？

希達雅由她母親引領着走進我的診間，她行動笨拙雙手不停擺動，一雙惶恐的眼睛睜得老大，渴望着丁點的光線，宛如被拖上岸的魚張着咕溜溜的嘴巴，奢望甘甜的空氣。突然失明帶來的是極度的恐懼，如同上帝在你前面硬生生關上了門。當眼睛拒絕接受光線，曾經擁有的一切突然的煙消雲散，理應帶來光明的雙眸，頓時成了靈魂的桎梏，抽離了希望，只剩下被禁錮的靈魂無助的吶喊。

腦部核磁共振影像證明了我的猜測，希達雅的失明源自於蝶鞍內的腦下垂體瘤突發性出血而壓迫到視神經所致。腦下垂體位於顱底的一個小小的凹槽內，解剖學稱之為蝶鞍，約 0.5 公分大小，它是控制荷爾蒙的中樞。腦下垂體瘤會造成荷爾蒙失調，進而引起甲狀腺、腎上腺、生長激素分泌功能異常、泌乳素增加或性腺分泌不足；病人在臨牀上會出現肥胖、水牛肩、多毛症、巨人症、侏儒症、泌乳、停經或不舉。由於蝶鞍上方即是視神經進入眼眶的所在，要是腫瘤持續增長，將會擠壓到視神經，造成視野缺損甚至失明。

希達雅的腦下垂體瘤足足有三公分大，腫瘤中央填塞了一大團的血塊，影像看起來宛如地核中央燃燒的熔岩，這突如其來的壓力足已把視神經壓垮。她來看我時已經失明八個小時，神經的受損是一種不可逆轉的過程，壞死意味着永久性功能缺損。我說：「手術刻不容緩。」說完立馬停掉下午的門診，縱使她三更半夜來到醫院，我也會毫不猶豫的把所有在睡夢中的手術室人員挖醒，我不知道手術能夠帶給她多少幫助，但延宕或不為，她往後這輩子將註定一片黑暗，靈魂之窗已然關閉，手術是唯一讓它重啟的希望。

午夜手術台

情況比產婦子宮頸開滿五指還要緊急，早一分鐘把腫瘤和血塊去除，她往後的日子就多一分光明。我們花不到一個半小時就把病人從診間送到手術室，神經外科的好處就是永遠有使用手術室的第一優先權，好比行在馬路上的救護車，任誰看到都要讓路。病人已經麻好躺在手術台上，拿掉口罩的她看起來更加的清秀，要是這一張漂亮的臉龐少了雙水靈靈的眼睛，將是造物者最大的遺憾。手術不會在她臉上或頭上留下任何傷疤，我不只盼望術後她能看見，而且還能從鏡子中看到自己仍然是當初的美麗。

神經外科手術總是那麼迷人，充滿奇幻和想像，三千年前古埃及人製造木乃伊的技術給了我們啟發，為了防腐他們不只把內臟取出，也要把腦袋掏空。為了使法老死後渡過冥河覲見阿努比斯時仍然保有體面的容顏，製作過程不能損及顏面的肌膚，於是他們就會從鼻孔進入，敲開顱底後，把腦髓挖空，再把頭顱填滿松脂和棉絮。比起製作木乃伊的原始和草莽，手術就精確多了，通過顯微鏡，我們會從鼻子往內探入到顱底，用高速氣鑽磨掉蝶鞍底部的骨頭，切開硬腦膜，就可以把腫瘤和血塊一片片的掏掉。

隨着手術的推展，我愈加變得小心翼翼，圍繞着腫瘤的是進入顱內的兩條巨大動脈以及充斥着血液的靜脈竇。我是走在雷區上的一等兵，稍一不慎就會血流成河。當掏掉表層的腫瘤，內部的血塊就迫不急待的滾滾流淌出來，我竭盡所能希望把腫瘤清乾淨，顯微器械深深的探進腦內。然而我卻過於急躁大意，尤如J.R.R. 托爾金筆下挖礦的矮人族，因為傲慢和貪心愈挖愈深，當我驚覺時顱底的蜘蛛膜已經刮破，清澈的腦脊髓液頓時湧了出來。我暗地一聲咒罵，小小一個失誤將要花我多多的時間去修補，沒有補好，術後腦內的水將從鼻子往外涓涓的流，輕則細菌感染，重則意識昏迷。

重回手術室

手術比我預期多花了一個小時，希達雅一醒來，我就迫不及待舉起兩根指頭在她前面晃：「嗨，你還好嗎？有沒有看到，多少根指頭？」她看起來累壞了，臉色蒼白得可怕，像一隻在狂風暴雨中被收回來的風箏，她吃力的睜開雙眼，一臉的茫然和驚恐，我看着她閃着淚光顫動的眼球，卑微的希望即使看不到，至少感覺到我的手掌在動。最後她放棄似的閉起雙眼，我說不上的失落，但仍摸摸她的頭以示加油，轉身離開前，她突然把我叫住：「陳醫師！」我看到她奮力舉起右手，在空中比出一個勝利的手勢，大聲的說：「兩根！」

希達雅重見光明，我高興之餘卻一點也不敢自滿，是上帝讓瞎眼的可看見，我只是行在祂的路上，對於外科醫師來說，謙卑是唯一引領的燈，因為你永遠不曉得還會有什麼橫在前頭。果不其然，我的高興只持續了兩天，雖然已盡力去修補，她的腦脊髓液仍滴滴答答的從鼻子往外流。即使我叮囑她躺平，情況也不見好轉，希達雅開始食欲不振、嘔吐，最後陷入昏睡，電腦斷層掃描發現是嚴重的氣腦，因為過量的水從腦裏流出來了，等量的空氣就灌進去填補。

外科醫師最氣餒、最不情願做的事就是重新把病人推回手術室，不只難以向病人和家屬啟齒，也表明了第一次手術的失敗。如果說外科醫師最引以為傲的事就是從不曾失誤，這只是因為這個外科醫師做的手術不夠多。年紀漸長，我慢慢的明白，誠誠實實的面對問題，把病人推回手術室，並不是失敗或懦弱，而是一種負責的勇敢。你的面子再怎樣的拉不下，也比不過病人的生命重要。

還要再回去嗎？

進去手術室之前，她的媽媽和我說：「我相信你醫生，阿拉會引領你的路。」顯微鏡底下，我果真找到了那個破口，然後在希達雅的大腿內側取下一塊帶着肉和脂肪的皮瓣把洞口堵住，再填塞一片人工腦膜和防漏的明膠，層層疊疊，只盼疏而不漏。人做能做的都做了，接下來就交給她的阿拉和我的上帝。

術後我帶着忐忑的心開車回家，還沒駛進停車場，加護病房就來電説希達雅的鼻子有稀稀的血水間歇的流出來，我心一沉，趕緊又趕回醫院。如今我終於深切的體會，為何當年大禹治水三過家門而不入了。回到醫院，發現不過是手術殘留的血水，在接下來的幾天，我都過得惶惶不安，外科醫師的壓力可以是一夜白髮，好在我的頭髮已經不多。希達雅出院那天，我感動得快要跪下來，她輕輕的用額頭碰了我的手説：「真主保祐您。」

希達雅是我從台灣回到馬來西亞開的第一台腦下垂體瘤。十年後，我收到她結婚的請柬，婚禮現場，她媽媽拉了我的手走到一對新人的身邊；當初那個含羞答答的女孩，已長得落落大方，她頻頻向我點頭，一雙大大水靈靈的眼睛閃呀閃的，比克麗奧佩脱拉[1]還要美麗。

(1) 克麗奧佩脱拉（Cleopatra），埃及艷后本名。

壓力鍋炸開了

我的工作場所除了在醫院，有時也會「應邀」到法院，最常見就是為意外受傷的原告或被告，向法官詳述傷勢的成因、狀況或受傷程度。筆直的坐在證人席上，手掌壓着法典宣誓，闡明以下所說的一切皆是事實沒有揑造，一如電視劇演的那樣。

法官高高在上低了頭看文件，正眼也沒瞧我一下，被告律師走上前來問：「陳醫師，你說這個傷是意外造成，你如何證明不是原告自己割的？」我看着當初急診醫師替傷患拍下的照片說：「是不是當事人自己割的我證明不了，但是如果某人可以把自己割得整塊肉翻起來，割得像被老鼠啃的歪七扭八，而且一道又一道的遍佈全身，我也服了。」說完，我瞄到法官低着頭偷笑，律師說：「你對你的看法真的這麼有信心？」

我說：「這不是你們找我來的原因嗎？」

律師惱怒的看着我，儼如我是全世界第一個敢頂撞他的人，他轉向法官說：「法官大人，我問完了。」

在進球的剎那

一個炎熱的夜晚我被叫回醫院，周遭不帶絲毫的風，空氣是凝固的像滾燙的豆漿，又濃又稠的包裹住全身，說好是凌晨兩點，我額上卻冒着斗大的汗珠。急診醫師向我講述病人的狀況，這無疑是一個不幸又倒霉的病人，明明在酒吧興高采烈的看着世界盃決賽，冰涼的啤酒暢飲到一半，就在梅西把球踢進籠門的剎那，他突然仰頭倒下。被送進來時昏迷指數只有區區的六分，電腦斷層影像是觸目驚心的蒼白，一條大血管破了，左側大腦被炸出一個大洞，血塊像蕈狀雲佔據了中央，連腦室都被填得滿滿，左大腦已經全然報廢。病人被安置在推牀上，胸膛隨了呼吸器上下起伏，身旁的監測器顯示血壓是爆錶的 230/150mmHg。我看着這個可憐的病人，是個精悍的小伙子，如果嘴巴不是插着管子，想必一定很俊俏，總覺得他似曾相識。

正在我盤算着下一步的計劃時，病人的太太和姐姐出現在眼前，我向她們解釋病人的狀況，表明情況危急需要立即手術，但預後不見得會很好。他太太只顧低頭搓揉手指，姐姐卻連珠的向我發問，比起他太太，她才是那個做決定的人，最後她問:「關於手術，我只想知道，你有沒有信心？」我很想和她說這不是我在這裏的原因嗎？突然，我想起來了，牀上這個病人。

詹姆士四十六歲，是一位律師，他五官深邃，有一股隱匿的狡詐如淡淡的一抹腮紅藏在俏皮的臉蛋裏，光是淺淺一笑即能迷倒眾生。他身材精壯結實，將近190厘米的身高，不只強壓湯姆克魯士，更比那個叫Bond的男人有過之而無不及。他出身名門，父母親皆是高級白領。自長春藤大學畢業後，他和合伙人成立了一家頗有名的律師樓，每當我回想起當天他在法院意氣風發、振振有詞的論辯時，我就會聯想到站在金字塔頂端睥睨眾生的法老。而今，如此一位捲起千堆雪的風流人物，正躺在手術台上，而我手握高速氣鑽正準備打開他的腦袋。

從三十五歲起，詹姆士就知道自己患有高血壓，卻鐵齒的以為青春無敵而沒有控制，曾經他的收縮壓飆破180mmHg，對於醫師的忠告卻一笑置之。高血壓是一個沉默的殺手，當收縮壓長期高於140mmHg時，血管內皮細胞會開始受損，如同我們把加壓馬達裝在塑膠水管上，經年累月下水管會硬化、變脆，最後破裂。長年忽視血壓的控制加上生活壓力，使得詹姆士腦部的血管如同高溫下不斷「嗶嘶、嗶嘶」吼叫的壓力鍋，最後炸開。

悲壯的一小步

當我還是住院醫師時，一位老醫師第一次帶着我開高血壓腦出血。那時我還是一位羽翼未豐的菜鳥，打開頭殼和硬膜後，漲鼓鼓的腦袋就如同被激怒的虎頭蜂窩，我彷彿聽到腦皮質下血塊嗡嗡的騷動。「就在這裏。」老醫師指着快鼓到頭殼外緣的腦袋，「將抽吸管從這裏插進去。」我手中握着的抽吸管，直徑約 0.5cm，狀如鋁鉑包飲料的吸管，那是我第一次觸摸一個同類的腦袋，心裏既興奮又害怕，理智讓我非常懷疑剛剛聽到的指令：「從這裏插進去？」鋼製的抽吸管長約 15cm，在探照燈下反射出冰冷的光澤，老醫師一臉不耐的說：「是的，九十度角，從這裏插進去。」在我還在猶豫不決時，老醫師已經捉住我的手，快速的把抽吸管捅進腦裏去，說時遲那時快，我感覺到手中的管子一陣晃動，伴隨了「嗖、嗖」一聲響，一團團的血塊一咕嚕被抽了出來，狀似我們大口吸吮着手搖杯的仙草奶凍。

如今，我處理高血壓腦出血就相對斯文多了，好整以暇調整好顯微鏡，用鑷子慢慢的分開腦迴間的腦溝，盡可能不去傷害到皮質，直至看到血腫，再一塊塊把它吸掉。詹姆士腦內出血量太大，當我把血塊大致清除，已經進入腦中央，經過一番出血的蹂躪，原本碧玉無瑕的腦室儼然成了一個遍佈污穢的蝙蝠洞。手術結束後，詹姆士的腦袋皺巴巴的陷進頭殼裏，了無生氣的像一團軟爛的泥巴。

手術經常是極簡潔又短暫的過程，然而腦出血後的康復之路卻是痛苦又漫長，而且結果經常不如人願。當詹姆士再次踏進我的診間已經是半年後的事，他坐在我面前，當初的不可一世只剩下淡淡的靦腆，我舉起手中的筆問:「說說看，這是什麼？」手術後他在加護病房住了快一個月，歷經了肺炎、上消化道出血、氣切，從昏迷到甦醒，最後移除氣切管，從臥牀到下牀，無數次的跌倒與放棄，過程的艱辛每一提及都有血有淚，人世間的苦難莫過於此。然而生命不是石頭，終究要邁開步前進，因此當我看到詹姆士在巍巍顫顫的矗立中終於舉起右腳往前踏出時，我眼前頓時升起希望的朝陽，在我的認知裏，他的一小步比阿姆士壯（美國太空人）的一小步還要悲壯。

再次站起來

醫生的眼睛像一口窗，我們賦予治療病人的使命，又是一個旁觀者，看盡世態炎涼、人情冷暖。我們救了詹姆士的生命，卻無法拯救他的生活。在他生病後的三個月，律師樓的同事和他終結了夥伴關係，不到六個月，他和太太簽署了離婚協議。放眼看去，生命處處都是苦的，很多時候不過是掙扎求存，關於這一點，最清楚的莫過於那一尾正被金槍魚追逐的沙丁魚。

他牢牢的瞪着我手中的筆，幾番掙扎仍講不出那個「筆」字，壓力鍋炸開的同時，粉碎的除了他的光鮮亮麗，還有他的語言能力。那個曾經不可一世、口齒伶俐、咄咄逼人的大律師，在命運底下，如今是滿滿的謙卑。他從不可能中站起來、走出去，他是個堅強的人，路再坎坷仍然持續的奮鬥，就像那一尾沙丁魚，我相信總有一天他會找到自己的路。

沉睡的巨人

我來自鄉下，一個地圖上找不到標示的華人新村，童年時這個小小的彈丸之地是我心中大大的世界。我的家鄉談不上人傑地靈，村門口連個牌坊都沒有，只有一棵盆口粗的大樹；套句風水先生的話，這裏的黃土是硬的少了魂，長茫茫野草可以，長人蔘果難，活出一個螻蟻可以，長出一個將才之輩難。

那個年代讀書的人不多，村人近乎傻昧卻非常厚誠，東家有事，西北南家都會出力擺平，人渺小的活在天地間，只能相互扶持才能殺出一條血路。那時只有一種工作叫苦力，能吃苦出力是一種福氣，大家都做得歡歡喜喜，換了今天你若叫個年輕人抬一包水泥，他也許會吐一口唾沫，睥睨的說：你當我是外勞？

我們就是在這種環境扎扎實實長大的，應了風水先生的話成不了材，但哺養我的奶水足已把我孕育成一個正直的人。這個由厚實夯土塑造而成的人格，一直陪伴着我，直到大學畢業，進入這個大千世界。

醒來動不了

因此，那天當我碰到劉一民時，心裏突然萌生一種他鄉遇故知的感覺，從他身上我聞到故土的芬芳。他坐着輪椅由太太推着進入我的診間，一個六十來歲的中年漢子，白稀的髮際間露着亮光的頭皮，兩撇濃眉掛在圓潤的臉龐上，有一種彌勒佛的親切。他確實對我憨憨的笑着。

「劉先生，你哪裏不舒服？」我打量着他的臉，突然想到我慈祥的父親。

「沒什麼？」他吃力的甩動肩膀、上肢，弄得整個輪椅都在晃動，「只是手腳都沒力，舉不起來。」他輕描淡寫的説着，彷彿四肢無法動彈是很自然不過的事。

他上、下肢的肌力不到兩分，還伴隨着非常強烈的深肌腱反射，我不安的問：「這種情形多久了？」劉一民抬頭看着他太太，她想了想説：「他一個星期前開始走路不穩，老態龍鐘的像似要跌倒，昨天工作時真的跌了一跤，端着的麵整盤摔在地上 —— 對不起，我們是賣雲吞麪的 —— 今天一早起來就動不了了。」

劉一民笑笑，彷彿很滿意太太的描述，他問：「醫生，你看吃藥會好嗎？」

有個謬論是「人在天地間生病，天地必有藥可醫」，孰不知我們都是自然界之一員，是參與者，並不是創造者；好比一粒棋子，每走一步都得遵循自然界的遊戲規則，像潮夕的更迭，像出生和死亡。閻王要你三更死怎能留人到五更，生死是命，天命不可逆。

我拍拍他的手說：「我先給你排個檢查，待會慢慢說。」

檢查做完，結果比我預期的還要嚴重，他頸椎第五、六節處的椎間盤幾乎整個擠了出來，往後結結實實的壓在脊髓上，從核磁共振的影像可以看到，原本食指般粗的脊髓，如今被壓得薄如蟬翼。這是一條半隻腳已掛在懸崖邊的脊髓，再往前一寸就會萬劫不復，我很訝異他竟然還能坐直、兩個胸廓還能自主呼吸。

「真的要開刀嗎？」等我解釋完，劉一民一臉茫然的看着我，他看我點頭，就說：「你是醫生，你說怎辦就怎辦。」

我想回去賣雲吞

我給他排了住院，手術前的下午我去病房看他，他正和隔壁牀的病人閒聊。沒聽到聊些什麼，只見他正開懷大笑，笑得連病牀都在抖，因為他是大字型趟在牀上的，乍看下就像一隻調成顫動模式的特大號手機。

他看到我，馬上對隔壁說：「醫生來了，等下再聊。」

我找了張椅子坐在牀邊說：「明天要手術了，有什麼要問的嗎？」他說：「醫生，我不懂要問什麼。」我說：「你不想知道手術後你還能走路嗎？」他接着說：「那醫生，手術後我可以走路嗎？」我真後悔挖了個坑讓自己跳，我說：「手術後你有機會可以再走路，也有可能從此要像現在這樣趟在牀上。」他說：「就再也不能動了嗎？」我點點頭。隔壁牀偷聽的病人這時大聲的說：「老劉，有機會就不錯了。」他說：「是啊，天無絕人之路。」隔壁牀的又說：「你要相信醫生。」他說：「我從來沒有懷疑過啊。」他們你來我往的，把我當成了透明。隔壁牀的繼續說：「至少你的醫生說還有一絲機會，我的醫生告訴我只有三個月。」他說：「那你有沒考慮把你的醫生換成我的醫生？」說完，我們都哈哈大笑，劉一民這隻特大號手機又再次的顫動起來。

「讓我看看你的手。」我說。「你自己拿吧，我動不了。」他說。我端過來放在我的手掌上，他的手少了神經的傳導已經不是他的了，沒有了電氣的活動，不過是一塊沒有生命的肉。然而時間和生活在他手上留下的註記、烈陽下烙上的顏色、被厚繭覆蓋的指節、浮在皮膚上宛如老樹盤根的血管，仍然賦予這雙手堅韌的生命。巨人不過是睡一會，它還會醒來。

「手術後有想過做什麼嗎？」我把手還給他，感覺就像把錢包放回牀上。他怔怔的看着天花板，然後微笑的說：「我想回去賣雲吞麪。」

隔天，刷好手，套上手術衣，偌大的手術擺在面前，內心反而無比的平靜。米開朗基羅在雕大衞時說：大衞本就在大理石裏，我要做的只是把他挖出來。我眼前的巨人不過是睡了一會，我這就進去把他叫醒。

人平白無事，不知時日過;一旦生病了，時間就開始堆疊。

三個月過去了，在某個清晨時分，我帶了兒子去吃早餐。整個城市才剛要甦醒，喧嘩仍未蓋過清脆的鳥鳴，清風仍未蒙上混濁的塵囂，這是人間最美的一刻。我叫了兩杯茶，端上來時，水面浮了一層白氣，當白氣散開，金黃色的陽光剎時照了進來，不遠處有位老者踽踽而行，蹣跚向我走來，他把早餐放在我桌上後，微微向我點頭。

我雙手托着腮幫子看着他離開，嘴角不禁泛起笑意。

兒子見我古怪，問說：「爸爸，你笑什麼？」

我拿起筷子把麪放進嘴裏，說：「沒什麼，這雲吞麪好吃。」

生與死的距離

手術刀可以救人性命，也可取人性命。

身為一個外科醫師，

生命交在我們手中，務必小心再小心。

生命的交集

我的工作很多時候充滿讚美，背景總是閃爍着神聖的光芒而且仙樂飄飄，不時會收到病人送來的禮物，從簡單的卡片、花籃、水果籃、包子、麪線，到高級一點的粽子、糯米飯、炒米粉，還有更高級的貓山王、大閘蟹、龍虎斑。這種特殊的醫病關係，類似於宗教儀式，有一次我還收到一隻白斬雞，不禁讓我聯想到神壇前的貢品、善男信女的還願。說實在，我挺享受箇中的滋味，並不是因為禮品的豐盛，而是通過禮品傳遞出來的謝意，讓我感受到生命的炙熱，使我明白到我是多麼的有幸參與了另一個生命，無論是重生或死亡，而這種生命與生命間的交集，在芸芸眾生、萍水相逢中，是多麼的難能可貴。

以為不再見的病人

我有一個病人，名字叫李大偉，他是一個沉默寡言的年青人，性格害羞靦腆，因為左手不自主的顫動，由父母陪同前來看我。他的媽媽是一位典型的東方母親，照顧小孩是她的祖訓，也是她人生唯一的使命，即使孩子已經三十歲了，仍當作三歲在養。爸爸顯然是把基因傳給孩子的那一個，同樣惜字如金，每一次前來他都安靜的坐在診間的一角，潛伏着像復活島上的摩艾像，我有時甚至忘了他的存在。

李大偉右腦頂葉長了一顆瘤，核磁共振影像顯示這顆瘤邊緣非常的不規則，像一隻張牙舞爪的章魚，腫瘤和正常腦細胞間沒有明顯的界線，而且圍繞着腫瘤的腦組織嚴重的水腫，種種跡像都在告訴我，這不是一個好東西。我把腫瘤切除，術後病人恢復良好，但病理報告回來卻是惡性的淋巴瘤。如果人生是一隻駱駝，薄薄的一紙報告就是壓垮牠的最後一根稻草，因為接踵而來的是沒完沒了的化療和電療。生命立馬進入噩夢無限循環模式，最後無法阻止的像冰山一樣的崩塌。我把他轉介給腫瘤科醫生，出院的那一天他在醫院大廳向我揮手，我不知道他是和我打招呼還是道別。我相信我不會再看到他。

因此當他父母再次坐在我面前時，我花了很長的時間才想到李大偉。從他們口中得知李大偉已經完成化療和電療，目前在家中休養。「他三不五時就抽筋，我們不知道該怎麼辦？」他母親糾着胸口說着，像揪着胸中的一塊肉，淚水嘩啦啦的滾下來，沿着手腕滾到玉鐲，連玉鐲也在流淚。他父親在一旁抿了嘴，手裏握住一疊厚厚的醫藥報告，彷彿如此緊緊的抓住他小孩的生命就不會溜走。我講了一些安慰的話，在我聽來其實都是廢話，既無療效，也無法安撫傷痛。我為李大偉開了抗癲癇的藥，心裏老實的明白其實幫助不大。

老朋友的看病模式

從此之後，他們兩老三不五時就來找我，看病模式變成了老朋友的不定時探訪。每一次都是他們兩老獨自前來，李大偉已經惡化成左側無力，臥病在牀。他母親老是在哭，訴說着命運的不公、自己的無助、孩子的痛苦，她成了從電視機裏走出來的日本苦情劇女角阿信，集不幸苦難悲傷於一身，一邊說一邊用手帕拭淚，手帕濕透得擰一擰都能滴出水來。

這一天，老父親第一次開口說話，他說：「陳醫生，我們經常這樣，會不會打擾到你看診？」聲音不算雄渾，卻鏗鏘有力，有着老實人的寬厚。他不說則已，一說我反而慚愧內疚，我感覺正消費他們的眼淚，實質上一點也幫不上忙。我說：「怎麼會打擾，」我走過去拍拍他的肩膀，「你們有什麼問題隨時來找我，沒事聊聊天也好。」他點點頭，彷彿只是要聽我這句話。離開時，我看他攙扶着太太孤獨的行走在偌大的走廊上，像狂風暴雨中兩根相互依偎的芒草。我的診間成了他們的哭牆，一個安放靈魂的地方。

有一次，李大偉被緊急的送來急診，他無法表達，只能不斷的嘶喊，肢體因痛苦而扭曲，最後檢查只是膀胱過度膨脹，因為導尿管塞住了。我替他重置了一根新的導尿管，他就在急診安靜的睡着了。老母親陪着他，我走出診間，這個時段整個等候間是空盪盪的，天花板上有一支日光燈還應景似的不斷在閃爍。我在一排長椅上找到他的父親。我坐在他旁邊，沒有說話，語言緩解不了悲傷，我想這個時候他只需要一個陪伴。

一盒待命的面紙

那陣子我真的很忙，沒日沒夜的開刀看診佔據了我的生活，我已經記不得外頭空氣的味道、太陽的溫度。有一天，當我看完了最後一個病人，時間已經是晚上七點半。離開前，我看到老父親姍姍向我走來，他表情木訥，眼睛泛紅。「大偉他走了。」他說着，肩膀微微的抖動。我知道這一天總會到來，我扶了他進入診間，他的身體空洞得沒有絲毫的重量。「我不知道怎麼辦，我只能來你這裏。」眼淚從他眼睛滾了出來，他摸着胸口，聲音嘶啞顫抖，「我這裏真的很痛，很痛。」我知道喪子之痛，卻不知道如何寬慰他破碎的心，強烈的情緒向我襲來，我緊緊捉住他的手，也開始哭了起來。我診間的馬來護士嚇了一跳，匆匆的離開，回來時手中多了一盒面紙。我不知道我們到底哭了多久，只知道面紙用去了半盒，走的時候老父親抱着我說：「謝謝你，沒有你我撐不到現在。」他緊緊抱着我，我再次感覺到從他身體流失的重量。許多病人事後會送來謝禮，但我永遠忘不了這一份禮物，一個真摯的擁抱，與其說我給了他力量，不如說這個擁抱給了我力量，一個讓我在醫學這條路上不斷往前走的力量。

我的老師對我說：「當病人會好時對病人要好一點，當病人不會好時要對家屬好一點。」

從此，我的桌面上就常備着一盒面紙。

五具屍體

我第一次看到死人時是六歲。那時跟了爺爺去「坐夜」，或許已經深夜，弔唁的人三三兩兩，爺爺找人寒暄去了，留下我一人百無聊賴。突然就注意到屋子正中央的棺槨，傳統的梅花棺，五個角尖尖翹起，棺板虛掩，少年人好奇裏面裝着什麼，走過去一瞧，一張蒼白的臉映在眼前。接下來一個月，這張臉每晚都出現在我夢裏。那個時候死亡之於我就是恐懼。

十六歲時，一位寄宿的同學車禍去世，他父母住在外地來不及趕往，那時我正好是宿舍的舍長，於是便陪了舍監到醫院先處理後事。踏入太平間，先是一整排冰箱羅列在眼前，右邊是給穆斯林的，左邊是非穆斯林。我看到同學躺在鋼製的解剖台上，除了身上的污泥，他看起來端莊和安祥。他的面容和昨天開懷大笑的那一個毫無兩樣，只不過是差了一口呼吸，我卻不明白為什麼無論怎樣呼喚他再也回不來。那個時候死亡之於我是不解大於悲傷。

大體老師

上了大學，二年級的大體解剖課，是一整學年最吃力、學分最重的一堂課。開課前學校會在大禮堂舉辦一場解剖教學啟用儀式，隆重得堪比開國大典，連院長都會出席，感謝捐贈大體的家屬，感謝每一位大體無私的奉獻。儀式規定每個學生衣着必須端莊，謝絕拖鞋短褲，缺席者接下來一整年課就不必上了，因為會直接當掉。之後，我們會回到解剖室，從福爾馬林池拉起一具具的大體，教授會把他們分給每一組，並交代要細心呵護，我們先給他沐浴，擦乾，然後搬上解剖台。日後的一整年，我們都會圍繞着他學習，一個死去的人成了我們最好的老師。有時，不小心把一條血管切斷，我們會不自主的說：「老師，對不起，下次我們會小心的。」期中考後，我們也會興奮的說：「我們考得不錯哦，謝謝你老師。」

直到學期結束，我們要把每一片切開的皮膚、每一塊翻出來的肌肉、每一條分出來的神經，全部歸位縫合，最後完完整整的交還給家屬，並鞠躬道謝。直到現在我仍忘不了那一位乾癟鉛灰的老師，雖然他不曾講過一句話，卻引領我走進醫學的殿堂，還深深啟發了對生命的尊重，從此我走出了小時候對死亡恐懼的陰霾，原來死亡也可以如此莊嚴肅穆。

把他平安送走就是

醫學院最後一年，我們開始在醫院實習。三天輪值一班，一整年時間幾乎都在醫院渡過。值班的夜晚，大事小事通通是實習醫師的事，記得有個晚上，在手術室跟刀結束後就被護士叫去病房的治療室，外面圍站着四、五位悲傷欲絕的家屬，我走進去拉開紗簾，只見牀上躺着一具屍體。這是一位阻塞性大腸癌的病人，手術前大腸已經破裂，術後併發嚴重的腹腔感染，經過好幾次的清創手術仍無法控制，最後乾脆讓傷口敞開着，塞了棉紗引流。病人剛剛因敗血症去世，老護士說：「在把病人交還給家屬前，主治醫師麻煩你把他的肚皮縫起來。」護士說完闔下紗簾走了，留下我一人，這是我生平第一次獨自面對一具屍體。事隔多年，我的記憶仍清晰無比，沒有害怕，沒有緊張，內心反而是雲淡風清的平靜。我揭開被單，頓時迎來一陣腐爛的氣味，取出填塞在肚子裏的棉紗，蠟黃的皮膚下是敗壞的組織和壞死的腸子。我戴上手套，打開縫合包說：「老先生，我現在就把你肚子縫好，往後就再也無病無痛了，你就安心的走吧。」我不過是一個實習醫師，手腳笨拙談不上技術，但仍竭盡所能一針一針細心的縫。

結束後，我走到治療室外輕輕的和家屬點個頭，病人的女兒走過來握住我的手說：「謝謝你，醫生。」雖然我是個實習的，也沒把病人治好，卻第一次覺得自己是個醫生。死亡是生命最後一抹尊嚴，醫生醫「生」也醫「死」，把病治好讓人平平安安出院，一旦病人不幸去世，也願他一路好走。

第一個死亡的病人

當了主治醫生後，我開始要對病人負完全的責任。病人和家屬對醫生總是有許多不切實際的期待，而結局往往不是童話故事般幸福美滿。雖然醫學是一門嚴謹的科學，但遇到難關處處碰壁時，治療的過程也只能投石問路，有時候就只能走一步算一步。

在我當主治醫生第一年，半夜接到醫院的電話說，我的病人突然沒了呼吸心跳，目前正在急救，我匆匆趕回醫院，病房內一伙人圍着病人，住院醫生正努力在做 CPR，我注意到心電圖呈一直線了無生氣的蠕動，我拍拍住院醫生說：「停吧，你和病人都盡力了。」30 分鐘急救無效，我宣告病人死亡。

當醫護人員逐個離去後，剩下的是一片狼藉，混濁的空氣、淩亂的牀褥，以及交錯在病人身上的各種管線。我看着牀上的病人，是一個七十五歲的老阿嬤，住院時我相信自己可以把她治癒，她白天還一臉紅潤中氣十足的和我說謝謝，我還準備讓她明天回家。如今病人突然走了，死亡只在她身上留下蒼白，還有我一臉的錯愕。我拆下她身上的輸液管、尿管，和貼在她胸前心電圖導線，替她把胸襟的鈕扣扣上，然後給她蓋上被單。太多醫療多餘的介入後，是時候還給病人最後片刻的安祥。她是我當主治醫生後第一個死亡的病人，每個醫生胸前的小口袋都有一本死亡筆記，她是這本簿子上第一個名字。

亡者筆記

往後的日子，我都努力的、省省的使用口袋這本小簿子，期盼別用得太快，免得一冊不敷還要換第二冊。隨了年紀漸長，簿子上的名子增多，我看死亡也更加的坦然。許多人包括我教會的弟兄姐妹都相信，人死後會有一個更美好的世界，可是對我來說，死亡即是終結，腦袋的電氣活動截然而止，那曾經的喜怒哀樂、七彩繽紛的回憶，隨了每一粒腦細胞的凋零也煙消雲散。我母親說，人死後，只有兒女還會記得你，最後你將被永久遺忘，就像三十萬年前出現的第一個智人，沒有人會去探索他現在到底去了哪裏。不像電影演的如此戲劇，大多數的死亡都是輕輕巧巧、安安靜靜的降臨，即使急救時可能死得「轟轟烈烈」，但最終還是回歸平靜。

生命啟於最華麗的章節，疾病是突然也是必然的一個韻腳，最後無論是句號還是驚歎號都是以死亡做終結。

歡迎體驗。

每一次呼吸

偉大的哲學家經常掛在嘴邊的問題是：「人從哪裏來？」「死後往哪裏去？」

我不是亞里士多德，也不是蘇格拉底，我只是一介市井小民，充其量不過是一個外科醫師，我關心的是柴米油鹽醬，活着的世界早就弄得我煩不勝煩，至於死後往哪裏去，這麼前衛的思考已經不屬於我的範疇。我的層次，或是說我這個外科醫師的層次，思考的極限也僅限於我們目前的存在，簡單來說，就是在我們吐出最後一口氣之前。

你只有一年時間

我第一次見到江家義是在一個炎熱的午後，他是由北部一位神經內科醫師轉介過來的，轉診信簡單明瞭的描述了病人的狀況，信末還註明了：「希望你能夠幫到他。」言外之意就是說：「盡人事就好。」

兩天前他出現第一次全身性的癲癇，隨後右側肢體變得無力，右臉歪歪的，說起話來也含糊不清。我看着坐在輪椅上的病人，他體型壯碩，剪了一頭整齊短髮，臉上掛了一副玳瑁眼鏡，溫文儒雅，病歷記載他上個月才剛過完三十五歲生日，是一位電腦工程師。陪他來的還有他的姐姐和母親。

他的腦部核磁共振影像在電腦熒幕上閃爍，我看過許多類似的影像，每一次都是錐心之痛。在病人的左視丘（Thalamus）處有一團五公分大小的腫瘤，像一坨腐爛的海藻，突兀得宛如流浪漢在他的聖潔的腦中央吐了一口痰。這是惡性的膠質母細胞瘤（Glioblastoma），腦瘤中的撒旦，不管你相不相信，我眼前的病人在上個月已經過完他人生最後一個生日。

「江先生，關於你的病情你了解多少？」我在思索着要怎樣告訴他結果。如果我是法官，我很樂意宣判死刑，誰叫你活該犯了法，問題是病人都是無辜的。

「之前的醫生說，」他舉起還可以活動的左手指了指腦袋，「我這裏長了一顆瘤。」

「醫生，請問有救嗎？」他姐姐迫切的問，我注意到他一旁的母親始終默默的低着頭。

我無能為力

沒救。這兩個字像脱韁野馬已經湧到嘴邊，我硬生生的把它嚥回去，「現在醫學已經很進步……」我開始支支吾吾，是的，科學在這一百年突飛猛進，我們不只找到了上帝的粒子，更堪比上帝複製了生命，無人太空船甚至飛越了太陽系航向未知的宇宙，然而我在這裏卻只能告訴他，你只有一年可以活，而且我無能為力。

腫瘤無法以手術切除，位置太深太重要，掏空腫瘤無疑是掏空他的意識和生命，我只能給他做組織切片檢查，再把他轉介到腫瘤科（oncologist）做化療和電療。我們在病人上方架一個類似人造衛星的儀器，然後在他頭上鑽一個一公分大小的洞，用一根探針慢慢置入腦部，過程就像開車時依靠的衛星導航，頭上的「衛星」會引領我們進入腦的最深部直達腫瘤的所在。

組織切片檢查證實是膠質母細胞瘤，「阿利路亞！」印證了我這個偉大醫生當初所思所想的，我有鬆了一口氣的感覺，終於可以名正言順的把病人轉到腫瘤科去；像拍拍屁股般容易簡單，我不需要看到病人絕望的眼神，不用在病人面前赤裸裸的暴露我的無能，最重要的是，病人不會死在我懷裏，不會在我行醫生涯中尷尬的死亡簿上留下名字。

生命在呼吸中流逝

「嗨，你今天看起來不錯。」手術第二天早上我去病房看江家義。他坐在牀上滑着手機，類固醇的使用減輕了他的痛苦，也讓他左側的力量慢慢恢復，他七旬的母親正坐在牀邊陪他。

「醫生，你説的話我都明白。」他放下手機，右手舉高握着拳説：「可是我不甘心，我一定要打敗它。」手術前我坦白告訴江家義關於膠質母細胞瘤的預後，我告訴他也許是一年，我不想隱瞞，因為三十五歲實在倉促，他誓必有很多事情想要去完成。

我很高興他終於打起精神，但我也知道疾病是一個不講理的瘋子，它不會因為你的振作而有絲毫的仁慈，你別奢望在它眼中看到憐憫，一年後它將會毫不猶豫從百般凌遲的肉體中帶走病人的靈魂。我離開病房時，他母親訕訕的跟在後面，直到離開病人的視線，她才緊緊握着我的手，眼淚沿着臉上的皺紋簌簌滑落，她聲音很小，但帶着母親的力量：「醫生，我相信你一定能醫好他。」我像隻烏龜馬上縮進殼裏，在專業權威的白袍底下，其實我不過是一個沒有穿衣服的國王，我很想誠實告訴這一位傷心欲絕的母親，但懦弱的聲音只有自己虛偽的內心聽到：「我無法讓瘸腿的可以行走，我無法讓瞎眼的可以看見，對不起，我不是你心中盼望的彌撒亞（救世主）。」

下班前，我再次轉到病房去看江家義。他睡得很沉，我可以感受到他胸膛緩慢而規律的起伏，像時鐘，像倒數的碼表，我甚至感受到時間在他吐納之間流逝。

生命無價，每一次的呼吸都彌足珍貴。

華仔雙手牢牢捉着握把，右手催着油門，頓時車身激烈顫動，深黑色泛着螢光綠條紋的「川崎忍者 H2R」，像一隻鬃毛聳立的美洲豹，沿着山壁狂飆，流線形車身切開凜冽的寒風，引擎發出裂心裂肺的怒吼。他感覺到小倩的雙手正攬住他的腰，而且愈抱愈緊，偶爾強風牽動着她的髮絲撥弄他的臉頰，傳來淡淡的幽香。雄性激素和腎上腺素同時在他體內沸騰，他用二十五歲的生命炙熱的燃燒，用時速 180 的速度書寫着青春，年少就應該如此瘋狂。

誰更幸運

華仔被推進急診室時兩側瞳孔已經放大，他的頭被撞得比燉了半天的蕃茄還要爛。救護車上的醫護人員說：「現場還有一位女士，可是她沒那麼幸運，同事已經把她轉送太平間了。」到底哪一個比較幸運還真的很難說，因為有句話叫生不如死。

青春是人生最光輝的歲月，像春天的旭陽，充滿了衝動、激情、歡笑和希望，也正因為如此，每每看到因樂極生悲而折損的年輕生命，總不免唏嘘唉歎。我雖然是一個斯文的外科醫師，但只要碰到魯莽駕駛又大難不死的年輕人，在曉以大義前，都會被我臭罵一頓。電影《天若有情》是假的，我不說你不知道，劉德華耍帥可以，因為電影 cut 了可以再 action，而生命就只有一次。

當我被叫去急診室已是大半夜，還沒進到急救室，急診醫師已經對我搖頭，華仔躺在病牀上，凝固、半凝固的血漬佈滿全身，像一塊剛從紅色染缸裏撈出來的布。因為頭骨、顏面骨多處骨折，鼻孔耳朵持續的在滲血，頭部腫脹得差點連戴着的安全帽都取不下來。我給他做了一些檢查，回頭再看剛做完的腦部斷層掃描，不禁一陣鼻酸。

他的父母被請到我面前，話還沒說，他們已撲倒在跟前，聲淚俱下的哀求說：「醫生，請你一定要救他！」我扶他們起來坐下，看着心碎無助的他們，心裏剛剛強強的話已經說不出口。我也是兩個小孩的父親，那種切膚之痛心裏實實在在的明白，孩子啊，你怎能讓父母如此的悲痛，然而責難也無濟於事，躺在牀上的他已無法再任性。

「醫生，如果要馬上開刀，請現在就去，只要孩子沒事，無論做什麼我們都同意。」當父親的含着淚咬着牙冠，像守城的將士揮着刀，橫守在孩子的前面，母親早已哭倒在他懷裏。每當這個時候我都很無助，問題不是我能做什麼，而是什麼都不能做。我注視着他呈現在綠色熒幕上的呼吸、心跳和血壓，如此淡然、規律，一切皆運作正常，然而我卻無法告訴他們，其實他們的孩子已經死了。

是已經死了

死亡不是一個點，而是一個動態過程。死亡是一種進行式，開始於腦部電氣活動的衰竭，心臟停止跳動，細胞凋亡裂解，結束於屍體的腐爛敗壞。傳統的死亡是指一個人沒有了呼吸心跳，可是沒有呼吸心跳就是死亡嗎？一個溺水的人被拯救上岸，偵測不到呼吸心跳，但經過心肺復甦術（CPR）積極的搶救後，又醒過來了，這個人在沒有呼吸心跳時是死了嗎？倘若死亡是一個不可逆的過程，那之後怎麼又活過來？同樣的，古時被拉去午門殺頭的犯人，頭掉到地上的同時其實心臟仍奮力在跳動，這個時候無頭的受刑人到底是活的還是死了？

腦幹是生命中樞，它位於腦的最深處，呈管狀結構，像大拇指一般粗，它上接間腦，下連脊髓，是整個中樞神經系統的樞紐；顱內十二對神經也大多數源自於腦幹，掌管瞳孔反射、角膜反射、嘔吐咳嗽和吞嚥反射，另外它也負責一個人的清醒和睡眠、調節呼吸、心跳和血壓的重要功能。他好比電腦裏頭的 CPU，一旦 CPU 燒了，整台電腦只好報廢。同樣的，一旦腦幹承受不可逆性的受損，病人不可能恢復意識及腦功能，生命徵像也逐漸消失，最後不可避免的走向死亡。因此，醫學上已經認定「腦幹死就是腦死，也就是一個個體的死亡。」

我們不會非要等到身體所有細胞凋零才判定死亡，傳統的死亡判定仍是必要，腦死只是將判定死亡的時間較傳統的方法提前而已。就像華仔，他沒有任何的腦幹神經反射，瞳孔放大，刺激角膜眼睛不會眨，抽痰時喉嚨不會咳，關掉呼吸器使體內二氧化碳上升一定濃度，也無法誘發腦幹發出呼吸訊號，種種的徵象在在表明腦幹已經受損。這個不可逆轉的過程會持續至腦幹衰竭，最後喪失所有電氣活動，心跳完全停止。

回到上面的問題，溺水後呼吸心跳停止是死亡過程，如果中間搶救得當，讓還沒受損的腦幹再次獲得血液循環和氧氣供應，死亡過程即被終止，人終將會活過來；而那個頭被砍下的犯人，腦幹已完全破壞，即便心跳仍沒停止，也不過是一具心臟仍在跳動的屍體。

陪他走一程

華仔最終被送進加護病房，說好聽一點就是接受緩和治療，不好聽的就是「等死」。他完全符合器官捐贈者的條件，除了腦部受創外，全身器官功能皆是好的，包括眼角膜。腦死病人的生命已無法挽救，理論上不該佔用加護病房，造成醫療資源的浪費。好在，我的上頭是衞生部，不是經濟部。我們在治療病人的同時其實也在治療家屬，不是每個人都了解腦死的定義，雖然我們都明白家屬的期盼是多麼的渺茫，他們所觸摸的那個人早已經不在，可是看着心跳的起伏，讓家屬陪着他們所愛走完最後一程，也是必要的慰藉。

死亡其實很單純，只不過人類的情感讓它變得複雜了。簡單一點的，或許，就在機車翻覆的剎那，華仔已經和小倩，手牽着手，去到那個發出亮光的地方了。

沒有盡頭的雨季

進入九月是東南亞的雨季，隨着東北季風的增強，這裏的每一幀風景都被抹上一層灰濛。打從東海岸接觸到第一道最憂鬱的曙光開始，直到似有若無的夕陽從西岸默默的消逝，整個馬來半島都泡在雨水裏，有時是嘩啦啦的滂沱大雨，有時則是陰雨綿綿的細水長流。

一張雨季的臉

清晨六時生理時鐘把我叫醒，雨水涓涓的流淌在寬大的玻璃窗上，外面的雨興許已下了一整夜。遠處的檳威大橋在細雨婆娑中若隱若現，像一尾宿醉睡得酣甜的巨龍。來往檳島和威省的車輛開始增加，經過一個晚上的沉澱、休息，忙碌的生活在漫漫的雨幕背後再次掀開。

一路開往醫院的車上，我一如往昔的卡在車流裏，濕滑的馬路加劇塞車的慘況，綿延幾公里的車龍看不到盡頭。關於塞車檳城人早已磨出了心得，甚至參透而悟道，微笑安祥而寧靜的握住方向盤，像一尊菩提樹下的佛，車子一寸寸的往前移動，沒有喇叭只有陣陣拍打的雨聲，井然有序的通往涅槃。

從停車場走到醫院大廳，我下截的褲角全然濕透，氣溫驟降，宛如蕭瑟的秋天。醫院的人工智能空調仍然喪失智能般狂吹，讓身在赤道雨林的人誤以為搬到了北極。今早我沒有手術，難得可以專心的看診，第一個走進來的病人身穿嚴冬的防寒大衣仍瑟瑟的顫抖，從電腦上我知道他叫阿茲拉，二十四歲，陪他來的也是一位歲數相當的馬來青年。他們坐在我面前將近一分鐘一句話也沒說。

我打量着他們，阿茲拉身材高挑，臉形姣好，濃眉大眼，想必當初是位美男；如今卻頭髮淩亂、眼神渙散，他身體孱弱，憔憔的臉陜深深凹陷，露出隆起的顴骨。「昨晚，他整個人抽搐，摔在地上。」自稱是朋友的青年訴說着他的病況，阿茲拉一臉陰鬱像極了雨季的天空，我給他排了檢查，看着他踽踽的離開診間，我想到萬聖節掛在天花板上的骷髏。

爬滿蟲子的腦袋

等到檢查做完，阿茲拉已是我最後一位病人，外頭的雨依然簌簌的下着，拍打在寬大的棕櫚葉上發出清脆的聲響。呈現在電腦熒幕上的腦部核磁共震是一張叫人頭皮發麻的影像，斑斑點點的光點佈滿整個腦袋，宛如滿是窟窿的瑞士起司。初回馬來西亞時我曾被如此的影像嚇得雞皮疙瘩，直到類似的病人不斷出現，我對診斷和處理這種疾病已了然於胸。這是一種寄生蟲感染，換句話説，阿茲拉的腦袋住滿了蟲子。

坐在我面前的兩位青年沉重的低着頭，診間的濕度比心情的陰鬱還要濃鬱，我深怕一個不小心就集結成烏雲在我頭上下起雨來。阿茲拉被詢問性經驗時感到害羞，我攤開手中的報告，中間打印着大剌剌紅色的字叫人尷尬也叫人絕望，他是一個人類免疫缺乏病毒（HIV）帶菌者，因為延誤治療，已進展成後天免疫缺乏症候羣（AIDS），就是我們俗稱的愛滋病。

沒盡頭的雨

根據統計，2020 年馬來西亞 HIV 帶菌的盛行率是每十萬人就有 8.5 個，是亞洲盛行率排名第七高的國家（排名第一的是泰國)。感染 HIV 後不一定會立即出現病徵，因為病毒潛伏期可達十年甚至更久，如果沒有妥善治療，免疫系統一旦被病毒破壞，就會發展成愛滋病，到時因為免疫系統的崩潰，病人會因各種的感染（病毒、細菌、黴菌、寄生蟲）或癌症而死亡。目前治療 HIV 已有很好的效果，許多病人一輩子都不會發病。可惜的是，我國只有約 50% 的病人接受治療，這離世界衛生組織定的 90% 目標還有很長的路要走。

阿茲拉低了頭不斷的啜泣，我感覺到羞恥、懊惱、悔恨如外頭的雨水不斷落下，狠狠的砸在他的心上。他朋友把他抱在懷裏，而他身體虛弱得只能靠在他肩上。「別擔心，我會一直都在。」他在他耳邊溫柔的說。直到今天，還有許多人把愛滋病看成一種詛咒，一種羞於啟齒的疾病，彷彿只有墮落、污穢、不道德的人才會染上，是一個靈魂齷齪的人的咎由之取。尤其在一個保守的穆斯林國家，染病比貪污二十億還要罪過，或許在這個雨季結束之前，他的無助和絕望早就如黴菌蔓延侵蝕內心每一處陰濕的角落，徹底將他腐噬。

淫雨霏霏，盼望柳暗花明是一種徒然，春天的希望永遠不會到來，因為這裏是熱帶，只有雨季和旱季。雨水的沖刷洗滌不去阿茲拉身上的罪惡，這個惡來自於根深蒂固的家族榮譽和信仰，彷彿他身體還沒死亡已發出屍體的臭味，如此惡臭就像刻在碑上的恥辱，即便化成了白骨也萬年不去。阿茲拉的愛滋病已進入第三期，可是從他灰濛的眼神我看不到積極去治療的嘗試，即便他連向上蒼禱告也喪失了勇氣。這時我突然厭惡起自己，自命是醫生，卻一無是處，只能坐在安樂椅上，眼睜睜看着病人枯槁離去。

一個小小的病毒，就讓整個世界放棄了他，孤獨是發霉的菌絲，攀附着雨水細細的掛滿整個大地。任憑我怎樣的勸說，阿茲拉堅決不要住院，「我會回去再勸勸他。」他的朋友說完把他攙扶起來，我很希望他會回來找我，但根據之前的經驗，他離去的背影將是最後的身影。

雨水滋潤生命也可以帶走生命。我望向窗外，馬路旁，就在一棵巨大的青龍木下，阿茲拉和朋友緊緊的依偎着，雨水打在他們的身上；像似打在一幅水彩畫上，洗刷去色彩繽紛的人生，留下暗沉鉛灰的輪廓，成了一張斑駁的黑白照片。

這是一個看不到盡頭的雨季，是可憐人流不完的淚。

無盡的孤獨

他們兩個人相伴了快一個世紀。一個世紀有多長？我只知道他們相戀時美國人還沒在廣島投下原子彈。

如今，老太太在病房裏，五個兒女分佈在世界五大洲，唯獨老先生坐在我的診間。他打過日本鬼子，戰後，在一間五金行工作、做過老師、在一間機械工廠做學徒、最後當了老板。他經歷了美國的崛起，殖民者的離去。1957 年他像其他胸懷壯志的青年一樣，在獨立廣場親吻了他的太太，可惜記者沒有拍下這美麗的一刻，以證明他見證過一個時代的荒謬、美麗與輝煌。

此時，這個曾在大時代寫下註記的男人，安靜得像一座傾圮的墓碑，身體枯槁，宛如荒野中哆嗦的稻草人。

我還記得那個下着大雨的早晨，他陪着太太進入診間，雙手攙着、一步一趨、親親呵護，世態炎涼下如此親密關係已經不多見，半年前我有幸看過一次，那時是一位印尼外籍看護牽着一位老先生。

老太太最後被診斷為肺癌合併腦轉移，白話的説就是癌症末期。

就多陪她

我面前的老先生比三天前更加消瘦，歲月在他生命裏下了蠱，奪去了他所有的歡笑、希望，以及生命裏唯一的一個伴。他安靜的聽我解釋，我必須句句斟酌，深怕任何一個不當的字眼，即刻撲滅這個九旬老人家暗黑靈魂處最後一抹亮光。

「醫生，你剛剛説，手術後還需要化療？」在深陷的眼眶後面我看到一雙炯炯的眼睛。

「理論上是這樣，但我們還需要考慮病人的年紀。」我説着，老人從大衣裏掏出一支筆和一本記事簿，像小學生一樣，一字一句記錄下我説的一切。

「醫生，你覺得我太太還可以活多久？」我不想褻瀆上帝，有些問題只有祂能夠回答。我看着他寫得滿滿的記事本，除了每個句子結束後帶來的無助和失落，字裏行間到底深藏着多少的思念？

「醫生，我現在還能做些什麼？」他看着我，手中的筆停留在記事本上。在生命面前我們無權放棄，但我們可以選擇妥協，我說：「你可以多陪陪她。」

他點點頭，合上記事本，沒有結束的句號，像一封沒能完成的情書，此後只能伴着主人躺在漆黑的抽屜裏。

在地願為血絲蟲

自然界有一種寄生蟲叫血絲蟲，雌蟲和雄蟲在宿主體內結合後，一輩子就永不分離，任何一方不在，另一隻也會死去。教我寄生蟲的老師就開玩笑的說：「在天願作比翼鳥，在地願作血絲蟲。」一隻蟲教會我們什麼叫長相廝守，老先生則告訴我們什麼叫孤鸞舞鏡。

熱帶的夜晚堪比深秋，淩晨兩點我被叫回醫院看一個病人，冷冽的空氣叫我不住顫抖；我搓着雙手來到六樓，驚訝的看到老先生形單影隻的坐在病房的玻璃門外面，他一褸薄衫，雙手抱着膝蓋微微顫動，像一尊被遺棄的土地公。

我走過去問：「老先生，你怎麼在這裏？」

「因為 MCO[(1)]，他們不讓我進入病房，我只能待在外面。」說完他站了起來。

「你在這裏也不能做些什麼，何況又這麼冷，還是先回家吧。」一個十九歲的小伙子也未必能撐過通宵，何況一個九十歲的老人。

「我回去還是一個人，雖然沒辦法進去，」老先生愣愣的看着前面的玻璃門，「至少在這裏我離她比較近。」

「你的朋友呢？他們可以陪你。」

老人苦笑的説：「已經沒有比我更老的朋友了。」

突然，一種無盡的寂寞像黴菌的菌絲滲入空氣，在絕望的黑夜中肆無忌憚的蔓延開來，原來有一種恐懼比死亡還要可怕。

我向護士要了一張棉被披到老先生的身上，離開醫院前，我轉頭向他，黑壓壓的身影仍抱着膝坐着，彷彿真的是一尊土地公，雖然是離家出走的，仍然堅持着守護一個家，守護着他僅存的一切。

此時此刻，圍繞着他的，只剩下無窮無盡的孤獨。

(1) MCO：Movement Control Order，意即行動管制令。馬來西亞政府在面對嚴重 Covid 19 時的行政措施。從 2020 年 3 月 16 日起在全國實施了「限制活動」的防範措施，媒體將這件事稱作「封國」或「鎖國」。

遙不可及的神話

回溯我們第一次碰面，是 2015 年 6 月。一個炎炎的夏日。

醫院空調嗖嗖的吹着，我額頭卻涔涔的冒着汗，診間的門打開，他一拐一拐的走進來；用的是一種很怪的姿式，像皮影戲裏皮偶僵直的動作，短短一公尺的距離，他卻費了好大的勁才坐到我面前。

「學長好！」他用呼喚向我問好，像小兵遇到大頭兵般的敬畏。他給我的第一印象是熱情，彷彿頭上頂了一粒太陽，甫一進來就把混濁昏闇的診間映得滿室生暉。多年後，我才知道他就是每個人心中的開心果、是聖誕老公公，大紅布袋裝的都是準備發給大家的歡樂。

太陽被烏雲遮蓋

他雙腿合攏，看起來有點謹慎，但掩蓋不了嘴角靦腆的微笑；然而，在笑容底下我卻看到一絲難以言喻的苦楚。

「學長，是姐姐叫我來的。」我後來直接稱呼他志偉。那一年他三十六歲，他姐姐是我醫學院的學妹，他本身也是一位留台生，目前在新加坡工作，是一位軟體工程師。

檢查時我翻開他的衣服，背上因中醫拔罐留下的烙印清晰可見。

「痛多久了。」我問。

「兩個月了。」像所有的理科生一樣，他說話清晰且條理分明，「一開始只是背後某個點隱隱的痛，後來變成一整片劇烈的刺痛，連挺腰都困難。三天前我發現兩腿開始沒力，走起路來搖搖晃晃，其中還跌倒兩次，於是姐姐就叫我回來找你。」

我檢查完，建議他住院，心想最糟糕莫過於椎間盤突出造成的坐骨神經痛，畢竟才三十六歲，沒什麼好驚怕的，人生三十是天下無敵的歲月。

然而，當我看到檢查報告時，不禁透了一口涼氣，核磁共震的黑白影像下是血淋淋的事實，他左側腎臟腫瘤足足有十公分大，且延伸到周邊的組織，侵入下腔靜脈；癌細胞隨血液擴散，如今已轉移到胸椎第六節，整個椎體已經崩塌，垮掉的骨頭結結實實的壓在脊髓上。

頓時我明白到，面對生命無常，沒有什麼是天下無敵。我太輕忽他的病情，如果再不即時處理，他很快就會癱瘓。我握着手中的報告，感覺就像提着絞繩，但我是醫生，不是死神，宣判什麼狗屁的事不是我的職責。

像一條下墜的曲線

我坐在他的牀邊，止痛藥已緩解他大部分的疼痛。他躺在牀上，安靜的閉着眼睛，耳朵掛着耳機聽着音樂。

我拍拍他的肩膀，他看到我趕緊拉下耳機，大聲的說：「學長好！」

我搖搖手上的報告，開始一一說明他的病情，從一開始我就沒打算隱瞞，我告訴他有哪些治療的選擇，以及每一項選擇背後隱藏的風險和後遺症。誠實的告知非常重要，唯有如此病人才有足夠的資訊決定最適合他的治療。

從頭到尾他都默默無言，像個進入冥想的苦行僧，安靜得讓我有點害怕。我說：「可以讓我知道你的想法嗎？」

「學長，我還可以活多久？」他嚴肅的看着我，我喉嚨有一種被嗆到的噁心感，腦海裏浮現 Kaplan-Meier 統計學上不斷遞減的存活曲線。

「志偉，我們今天不討論存活率。」我握緊他的手，「我們現在有其他比活得多久更重要更有意義的事要做。」

他點點頭。我說：「時間不早了，關於手術，明天告訴我你的決定。」

「好的，學長。」

他再次掛上耳機，閉起眼睛。

我給他動了手術，摘除了部分腫瘤，給脊髓做了減壓，並且給椎體做了固定。

出院時他抱着我向我説謝謝。我和他姐姐通了幾次電話，知道之後他去了台灣，接受了左腎臟摘除手術，也完成了電療和化療。

來年的新年，他再次踏入我的診間，手上捧着一個禮籃，比起第一次的步履佝僂，這一回他步伐穩建，像一隻浴火的鳳凰，精神抖擻，雄姿英發。因為化療的關係，他頭髮幾乎全白了。

「很高興看到你。」發之於內心的話。

「學長，謝謝你。」他緊緊握住我的手，握得我有點痛。

之後，關於他的一些事，我是從臉書知道的。他升職當上了經理，又過了一年，他結婚了，娶了一位漂亮的太太。他讓我看到生命的堅韌，告訴我再怎樣的絕望也不該放棄，他在黑暗中給我點了一盞燈，我用他的故事鼓勵着一個又一個的病人。

曲線並未中斷

可是，隨了一年又一年的過去，每一次念及他，不斷遞減的存活曲線總是像幽靈似的不斷在我腦中盤旋、揮之不去。

2019 年的夏天，他再次來到我的診間，這一回他消瘦了，一頭白髮讓他看起來額外的蒼老。雖然如此，他頂着的太陽仍舊燦爛，一句「學長好！」仍中氣十足。我給他做了檢查，結果沒有讓我驚訝，或許一切早在預料之中，癌細胞已多處轉移，包括骨頭、肝臟和肺。

我建議他回去找腫瘤科醫師，或許要再次的電療和化療。

他一如以往的點點頭，臉上始終掛着祥和。

我問：「可以讓我知道你的想法嗎？」

他笑笑，說：「我想知道的，你不會告訴我。」

關於生命，我所知道的，和你們知道的一樣多。正如我們知道死亡是生命的一部分，但我們從來沒有正視它。我們總是汲汲營營的經營我們的人生，盯着股票的上下，每個月準時去銀行刷存摺，唾罵政治人物的無恥，忐忑兒女的未來，我們歌頌成功，吹捧偉大；然後對於生命的結尾，或許是害怕，或許是忌諱，我們寧可選擇視而不見，直到那一天它真的來了，我們已經措手不及。

陰鬱籠罩

2020 年歲末，志偉再次出現在我的門診。如果說歲月是把殺豬刀，那疾病就是一把屠龍刀，你無法想像它會把人折磨成一副什麼樣子。

「學長好！」他一如以往的問候我，可是聲音明顯的嘶啞斷裂，他眼眶凹陷，瘦骨嶙峋，稀疏的白髮貼在薄薄的頭皮上，他呼吸急促，骨轉移的疼痛叫他不時皺起眉頭。

檢查發現，肺轉移的部分急速惡化，肋膜腔已經開始積水，我要他住院，他卻說：「我必須要回去工作，不工作我無法負擔目前的醫療費。」

我聽了難過，直到這一刻他仍頑強奮戰，就像夸父，拚了命追逐幾近淹沒到海平面下的餘暉。

他默默的低下頭，頭上的太陽早已不見，陰鬱籠罩了一切。

「志偉，請聽我說，放下你的工作，回到你家人身邊，現在的每一分每一秒對你都很珍貴。」

他拒絕我的建議，離開前，他要求開給他更大劑量的嗎啡。

我替他付清了檢查和醫療費，這絲毫無法緩解他所背負的沉痛，或許這個舉動只不過讓我心裏好過一些。

太陽不見了

好不容易過完 2020 年，就在 2021 年的元旦，我收到他的簡訊，告訴我說他已經喘得快無法呼吸，可是適逢疫年，大家對「喘」這個字格外敏感，輾轉了三間醫院，竟然沒有一間願意收留他。我剛好人不在檳城，只好趕緊打電話找同事幫忙，很感謝胸腔血管外科林醫師答應收治，也很感謝放射科陳醫師緊急替他置入胸管，引流出一千多公升的肋膜積液。

我回到醫院，看他躺在病牀上，整個人陷在牀褥內，像一隻泄了氣的娃娃。

「嗨，睡了嗎？」我説。他緩緩睜開眼睛，費力的説：「學長好。」

「很痛，是不是？」我問他。

他點頭。我握着他的手説：「會害怕嗎？」

「會。」他轉過頭來看着我，呆澀的眼神滿滿的絕望。

「你要加油，你在這裏我們會照顧你，你的家人待會就過來陪你。」

他不發一語。我靜靜的等他開口。最後，他輕輕的説：「我不要這樣，太辛苦了。」

回家前，我再次收到他的簡訊，混亂的神智已經無法讓他寫出複雜的中文，簡訊是羅馬拼音「Xie Xie」兩個字。

想回家

志偉最後一個晚上，醫院給我電話説病人血壓開始掉，我趕回醫院，他的家人都圍在他牀邊。

他努力的坐着，吃力的呼吸，汗水浸濕了衣襟，臉色蒼白得像張白紙。

「很痛嗎？」

他全身顫抖着，不住的點頭。我向來都反對安樂死，我相信，人的最終並非好好的死，而是好好的活到最後。但是，當我看到，無論是心靈的恐懼，還是肉體的淩遲，疾病對生命的折騰從來不帶絲毫的仁慈時，我的心念動搖了：是不是可以打一針，病人就可以一路好走？

我把每四個小時給一次的嗎啡，改成每兩個小時就給一次。

「還有什麼我可以幫到你的嗎？」我問。

他努力睜開眼睛，四處張望，然後拉下氧氣罩，説：「我想回家。」

我説：「好的。」我把他扶好，讓他躺在牀上，剛打的嗎啡讓他暫時抽離疼痛的苦海，他沉沉的睡去了，兩手交叉放在肚子上，安祥，平靜。

我把時間交還給他的家人。

黎明前，我再次收到醫院的電話，護士說，志偉回家了。

眼淚頓時波湧漫進眼裏，湮糊了一切。

人在臨終前到底還是痛苦的，這也是為什麼當我們面對最後一里路時總是難以啟齒，以為不說就沒事，不去想就不會發生，真的發生了，總會船到橋頭自然直。我們目前的醫療體系，尤其臨終這部分，極其簡陋荒唐。如果我們什麼都不準備，任憑醫療接管我們的生命，船只會往無底深淵沉淪，而善終只是一個遙不可及的神話。

侍病者的哀歌

結束看診後，阿珠把母親推了出去，診間的門還沒關上，她又突然返回，傾身靠近我小聲的問：「醫生，你能不能偷偷告訴我，到底我母親還能活多久？」

她也許要活下去

七年前，自從母親中風後，阿珠就當起了保姆，沒日沒夜的照顧。她母親八十歲，原是一位阿茲海默失智病人，打從中風後，神智更每況愈下，她弱小的身軀捲曲在輪椅上，碩大的頭顱像懸在棚架上的大南瓜吊在胸前，像極了一具風乾的木乃伊。因為長期不動，全身關節都已經僵硬攣縮，除了飯來張口外，她實質和木頭沒什麼兩樣。

阿珠在四個兄弟姐妹中排行最小，因為至今仍是寡人一個。按照普羅大眾既深刻又鬼扯的見解，未婚或失婚的女人，是社會化失敗的一員，是棋盤上可有可無的棋子，在家族的階級排列比印度種姓的賤民還要低級，其歸類連資源回收桶都婉拒，理應是被淘汰或焚燒；還好李白的一句「天生我材必有用」給了她平反，於是照顧母親的擔子自然就落在她的身上。

阿珠今年四十五歲，這七年來，我全程參與了她青春的燃燒，從一位風韻猶存的女人，成了如今站在我面前蓬頭垢面的老婦。雖然我明白她其實想問的是她老母什麼時候會死，我只能無奈的看着她說：「如今你母親吃飯的胃口比我還要大，一時半刻，我看不出有什麼會威脅到她的生命。」

她一定要活下去

普麗婭五十八歲，祖先可追溯至印度北方的雅利安人，是一位既端莊又和藹可親的英文老師。她至今未婚，從小和母親相依為命。自從五年前她母親中風後就成了我的病人，今年已經九十二歲。普麗婭每兩個月就會推着母親來看我一次，主要是拿一些高血壓和清血的藥。有一個早上，我巡房時發現普麗婭獨自一人坐在加護病房外的長椅上，眼神空洞，頭髮凌亂，像地震後從瓦礫堆挖出來的災民。我走過去關心，從中得知她母親兩天前因為肺炎插管住進了加護病房。離開前我回頭看，她依舊站着，活像一座孤島上獨自面對洶湧浪濤肆虐的燈塔。

兩個星期後，加護病房李醫師照會我替一位病人做氣切手術，我過去一看竟然是普麗婭的母親；打從她插管後就一直住在這裏，神志已經不清，除了肺炎外，她還合併有心臟、腎臟衰竭。我詢問李醫師是否有積極治療的必要，他攤攤手無奈的說：「她女兒堅持，說無論如何都要救到底。」我看着臥在牀上孱弱的身軀，實在不忍心於她的風燭殘年仍然在她的脖子上開個洞，我希望李醫師讓我和她女兒談一談。

她看着我，眼神是我無法描繪的堅定，「不！」她不斷的搖頭：「叫我放棄絕對不可能。」我試着換另一個角度切入：「我們從來沒有放棄她，只是在做任何侵入性治療前應該三思，不是每一種醫療的介入都是有益無害。」她低着頭，緩緩的說：「我和母親形影不離五十八年，這種關係你不會明白。」我說：「你母親已經沒有意識，她無法再給你任何的需要，也無法感受你給她的任何需要，況且她已經九十二歲……」我話還沒說完，她就激動的說：「九十二歲又怎樣，我們就袖手旁觀嗎？她會活到一百歲，甚至更長，她若沒有意識，我可以日以續夜的照顧她。」她突然抬起頭看着我，一臉不容質疑的倔強：「我只要她活着！」

我替她母親做了氣切手術，在脖子上打了一個洞，接上呼吸器。最後，這位九十二歲的老太太不可思議的撐了過來。出院當天，我看着醫護人員小心的把她搬上擔架，在加護病房折騰了一個多月後，她比進來時還要枯瘦，四肢彎曲攣縮宛如橫七八豎的乾柴堆在牀上。普麗婭陪在一旁，在她耳邊輕柔的說：「媽咪，我們回家了。」

一個月後，普麗婭像往常一樣把母親推進我的診間。她躺在擔架上，頭髮稀疏露出油亮的頭皮，眼睛睜得大大瞪着灰白的天花板，皺撅的嘴巴覆蓋在塌陷的牙牀上，這張嘴早已不能進食，驅動她心臟跳動的養分只能依賴上方的鼻胃管定時定量的灌入。我聞到一股臭味，像廚餘曝曬一天後的酸餿，我把病人翻過去，赫然看見一個深不見底的褥瘡就在屁股的上方，窟窿足有十公分大，邊緣是乾黑的焦痂，淌着綠濃的膿水。我抬頭看着普麗婭，她比一個月前消瘦了些，精神卻異常的亢奮，她瞄了我一眼嘴角帶着一絲的嘲諷：「醫生，你瞧，我母親不是活得好好的，我發現她每天都在進步，昨天她還對我眨眼呢。」整個房間頓時鴉雀無聲，只剩下連接在病人脖子上的呼吸器「嘶、嘶」的叫着，像野獸的嘶吼，是病人絕望的吶喊。從此刻起，我再也無法正視病人，這張臉不應該存在，生命的尊嚴不應該這樣。

她不可以死

大寶森節[(1)] 剛過，普麗婭再次出現在醫院，她母親又住院了，這一回是敗血性休克。李醫師斬釘截鐵的説，病人這一次恐怕是出不去了，我聽了竟然有一種釋然的寬慰。而普麗婭卻寸步不離，她辭去老師的工作，從早到晚守護在加護病房外，這座孤島上的燈塔變得更加的頑固。

一天又一天過去，病人日漸的孱弱，普麗婭也日漸的萎靡，她整天臥縮在加護病房外的樓梯口間，每一看到我就拉住不放，不斷詢問她母親的狀況，我勸她放下，告訴她前面還有更美好的生活。話還沒完，她就開始嚎啕大哭。在某一個黃昏，當天邊最後一抹紅霞消逝後，病人去世了，睜得大大的眼睛終於可以安靜的閉上。而普麗婭崩潰的坐在地上，如同上帝回收了當初吹進她靈魂深處的那一口氣，這座永不放棄的燈塔終於被鋪天蓋地的海嘯淹沒。

然後，有一天我從一位護士那裏聽到，普麗婭去世了。多日不見她，朋友跑到她家裏敲門，被發現時早已經死亡至少三天。她躺在母親睡過的牀上，手上緊握母親的照片，一如當初母親抱着稚幼的她，安然入眠。法醫解剖發現，她的胃空空如也，她是活活把自己餓死的。

她到底什麼時候可以死？

擁抱可以帶來溫暖，卻也可以叫人窒息；親情可以是救命的繩索，也可以是勒頸的絞繩。生命和生命之間應該是慢慢的放手，彼此奔向自由，而不是相互的綑綁，雙雙的墜落。病者和侍病者之間，要有怎樣的智慧才能找到當中的平衡呢？

這個月，阿珠又帶着母親回來了，她面容蠟黃憔悴，頭髮更加的淩亂，這回她母親的頭已經從胸前垂到了肚子。她一如以往的抱怨哥哥姐姐嫂嫂棄母親於不顧，每個月丟給她的兩千塊彷彿就可以包山包海、無所不能，包括買斷了她的人生。結束後，她推着母親離開，走到一半又躊躇的折回來，這一次她再也不拐彎抹角的問：「醫生，你老實的告訴我，我老母到底什麼時候會死？」

(1) 大寶森節：印度教節日，馬來西亞法定假日。

阿美要我和你說

每天早上回到診間，我習慣第一件事就是檢查電子郵件。通常處理的都是一些公務、回覆病人的提問、或是安排手術時程。我一項項的回信、完成，像手術每一個細微的步驟，謹慎、專注、做得有條不紊，有時我真懷疑自己是不是有強迫症。直到最後一封信，我看着遊標在信件的標題邊閃爍，像忐忑的心跳，我猶豫着是否要把它打開。標題只有簡單一行字：「阿美要我和你說。」

越洋而來的女孩

我的醫院有許多來自印尼的病人，說好聽的是國際醫療，其實更像是醫療難民。因為印尼國內的醫療品質差強人意，許多病人寧可花大錢買機票、船票，遠渡重洋來檳城就醫。曾經有個患腦瘤的病人來看我，說印尼的醫生已為他動了腦瘤摘除手術，可是病情卻始終不見好轉。我再做了一次掃描，發現腫瘤還是大剌剌的躺在腦裏，除了頭皮上明顯的傷口外，頭骨沒有絲毫被鋸開過的痕跡，這種醫療行為已不是差強人意可以比擬，這比謀財害命還要可惡。

因此，檳城的機場經常可以看到拉着大包小包的印尼人，他們手中握着 X 光片或是厚厚一疊的病歷報告，有時一整個航班都是來看病的病人。他們有些賣房、賣地、賣田，換成行李箱內一綑綑的印尼盾，到彼岸來買一個希望。我想到〈出埃及記〉的以色列人，只不過紅海換成了馬六甲海峽，摩西的杖換成了一架又一架的飛機。

阿美就是這樣，被她爸爸帶着來到我的診間。她住在蘇門打臘島的亞齊，芳齡十歲，個子嬌小，皮膚黝黑，有着一雙大大的眼睛，睫毛勾勾的長得可以掛住鑰匙。她躲在爸爸的臂彎裏，水溜溜的眼睛瞪着我。十天前她還是那一個每天開心上學看 YouTube 學 Blackpink 跳 K-pop 的小女孩，在一個下了課的午後，老師發現她走路時怎麼一直往右偏，回到家後就開始頭痛還不斷嘔吐，從此，開心這兩個字就徹底離開了她的生命。我看着他們從印尼帶過來的腦部核磁共振造影，阿美的後顱窩長了一顆比橘子還大的瘤，腦幹被壓得幾乎不知所蹤。

最怕小孩的病

她爸爸緊緊把她抱着，深怕我一句「手術」就把她從懷裏奪走。我常告訴自己不是劊子手，只是想伸出援手，但所作所為卻經常讓父母們肝腸寸斷。我常禱告說：「上帝啊，替小孩做手術這件事就交給別人吧。」然而不知道是上帝充耳不聞還是覺得我欠缺磨練，焦慮的父母抱着小孩一次又一次的來敲我的門。

曾經有一次，一位憔悴的媽媽坐了十個小時的船來到我面前，當她掀開沙龍露出胸脯下正在吮乳的小孩時，我發現小孩早已僵直死去多時。早在我還是醫學生的時候就發誓打死不選小兒科，在我的認知裏，小孩就是春天的小鳥如此歡樂無憂滿滿的希望，因此我最不情願的就是走進鬱悶昏暗哭哭啼啼的小兒科病房。如果凡事都有其美意，為何上帝要把疾病降在小孩身上？是要磨練小孩、父母、還是醫生？事實就是殘酷，除了老年人外，小孩是另一個罹患癌症的高風險羣，最常見的小兒惡性腫瘤是血癌，其次就是腦瘤。

暫借的美好

我走進阿美的病房，她爸爸剛好出去，她正抱着枕頭在哭，我問她哭什麼，她抽噎了很久才說，她最喜歡的那隻大象娃娃不小心留在飛機上。對我來說比起將要發生在她身上的根本不足為道，但對小女孩來説卻是天大的事。我囑咐她好好休息，因為明天的路將是又遠又長。

那晚我回到家，帶着焦慮以及對明天的不確定，整個人寢食難安，小女兒走過來，一頭栽進我懷裏，哆哆的告訴我今天學校發生的趣事；又從口袋裏掏出一包綠豆，滔滔不絕的訴説着生物科老師交待要種綠豆的事。我摟着女兒，再次想到阿美，萬一明天我出了什麼錯，輕則她將無法吞嚥、無法呼吸，重則昏迷不醒或是死亡。女兒仍在我懷裏開懷大笑，然而就像一部默片，我的耳朵只聽到嗡嗡的鳴叫。

我坐在顯微鏡前看着偌大的瘤，實在無法想像是怎樣的狂妄讓一粒小小的細胞分裂成這般巨大。手術前我禱告，希望上帝藉我的手去行祂的大能，我無法也沒這個權力去決定一個生命的去留，但是祂可以。

時間在手術進行當下變得沒有意義，大千世界只濃縮成顯微鏡底下的一片光暈，我的強迫症人格在此刻發揮得淋漓盡致，雙手鉅細靡遺拆解每一條被包覆的神經和血管。手術是一場耐性大比拼，急的人註定失去這場比賽，草率的挖出血淋淋的腫瘤，無疑是一同掏空她的靈魂和生命。十個小時後手術結束，回家的路上我看着滿天的紅霞，以及飛翔在天際的倦鳥，世界仍是這麼安祥美好，感謝上帝在手術的每一刻都不離不棄的握着我的手。

第二天，阿美醒了，在加護病房待了兩天後，她轉到了普通病房。除了左側肢體稍微無力外，奇蹟的沒有其它神經缺損。每當我去查房，她都會送我大大的笑臉，她本來就很健談，打破芥蒂之後，她變得和我無所不談，經常分享學校和朋友的故事。我那陣子變得好快樂，好像突然多了一個女兒，在她出院前一天，我特別拐到 Toys "R" Us 買了一隻大象娃娃。臨走的那一天，她在醫院的大門口抱着我，手上還緊緊握着那隻毛絨絨的大象。我撫摸她的頭，傷口早已癒合，她的喜悅像天籟傳到天際，在山的那一頭，我看到陰霾的烏雲正緩慢的集結，大雨快要來了。我手中握着早上捎來的病理報告，阿美腦裏面那一顆是惡性的室管膜細胞瘤（Ependymoma）。

三年的快樂

我替阿美動手術一晃已經三年，我知道惡性的室管膜細胞瘤絕對不會安分守己的乖乖待三年，最後我打開阿美爸爸寄給我的信：

「阿美要我和你說，她走了，帶着你送給她的大象娃娃，她要我轉告你，謝謝你給了她三年的快樂。」

濃密的烏雲集結了三年終於爆發，我在診間抱頭痛哭。

三年前，我女兒發的五粒綠豆，四粒萌芽了，一粒不幸夭折，我問女兒說，你會不會為這個長不大的小生命難過，她說：「不會啊，我還有四顆。」說完，她歡樂的踢着舞步離去。生命是一場造物者和受造者之間的較勁，生命再如何的珍貴，在造物者眼裏卻是如此微不足道，堪比一粒綠豆？

死亡的厚度

你最害怕的事情是什麼？

沒有人這樣問過我。我心裏卻清楚得很，最叫人忐忑不安、焦躁難耐的莫過於看着病人一步步的走向死亡。如果說死亡是每個人必經之路，理應這個過程大同小異、殊途同歸。當然，如果把死亡視為旅程的終點，則天下大同，人人平等；然而，在抵達終點之前，每個人的遭遇則大相徑庭，有些人鬱鬱而終、死不瞑目，有些人則怡然之得、含笑九泉。人生就是一路向西，途中滿滿的坎坷，每個人都得深思熟慮，稍一不慎，果真可以讓你集滿九九八十一難，可謂一步地獄、一步天堂。

死亡研討

我捧着病歷往會議室走去，這一路總覺得舉步維艱。今天是院內每月一次的死亡病例討論，所有主治醫師皆要出席，我們要討論的是：病人的死因。病人從入院到死亡，當中的每一項檢查、每一則醫囑、醫師的每一個決定，全都攤在陽光下。我們對死亡慣常的避而不談，可是在死亡病例討論會上，我們都可以暢所欲言，給出看法、批評和建議，我們對事不對人，過程中經常會聽到：「我不同意你的做法，如果換了是我，我會這樣。」或是「謝謝大家的建議，如果有機會讓我重來一次，我會更加小心的這樣做。」每個人都有不懂的地方，醫師也會犯錯，死亡病例討論的目的不是公審，而是讓我們看到自己的不足，從回顧前人行過的歷史道路，學習，進而不重蹈覆轍。

推開會議室的門，強烈的冷氣突然撲面而來，我把病歷放在桌上，加上我的一共有三本，也就是說今天有三個病例要討論。我找了個空位坐下，五十多位主治醫師團團圍住橢圓形的會議桌正襟危坐，時間一到，主持人陸醫師翻開第一本病歷。

開刀有意義嗎？

【Case 1】

Mr. Chen XX 三十歲 診斷：頭部外傷合併顱內出血

病人上班途中發生意外，送到急診時已陷入昏迷，昏迷指數只有三分；右側瞳孔放大，血壓 170/100 mmHg，心跳 60 bpm，沒自發呼吸，於急診室插管。電腦斷層掃描顯示，右大腦急性硬腦膜下出血，並且有挫傷性額葉和頂葉腦出血，中線因腦壓上升而偏移，已經出現右側小腦簾疝脫。我意簡言賅的交待病情，語氣平淡得尤如打到銀行的電話語音；然而，如果把頻道切換成當下的場景，你將會看到醫師正緊急的為病人插管、醫護人員的喘息心電圖儀的鳴叫和家屬的哭喊正此起彼落。搶救生命是一場戰爭，只不過如今我已經從一個士兵的角色轉換成衣冠楚楚的新聞播報員。

和家屬解釋後，我立即給病人做了減壓性開顱手術，並且取出了血塊，術後病人右側瞳孔依然放大，五天後，病人因腦幹衰竭病逝。

「你覺得，依當下的情況，是否有手術的必要？」發問的是一般外科奧士曼醫師。這是一個醫學論理的質問，昏迷指數三分表示腦幹已經受損，病人已趨向死亡或是終生昏迷，我做這個手術到底是幫助還是傷害？白話一點的就是，到底我是替病人開刀還是解剖？

醫學是一門科學，不能一句「開也死不開也死，就拼一拼吧」搪塞過去，往病人身上劃出一刀時，總要有個理由。

「手術前我也很掙扎，我知道昏迷指數三分的意義，最後我還是選擇放手一搏，原因：第一，病人從受傷到送達急診的時間很短，同樣是溺水的病人，一個 5 分鐘就拉上來和一個半小時後才被拉上來的，5 分鐘那個急救回來的機會比較大。第二，病人三十歲，生命力遠比老人家強，雖然明知希望渺茫，但請不要低估年輕人頑強的潛力，我不是帶着姑且一試的心態進行手術的，當下我真的抱有希望。第三，還是同一個原因，病人只有三十歲，上有七旬的雙親，下有妻子及兩歲的孩子，手術是渺茫希望中的唯一希望，我為病人做的其實也在為家屬做，即使日後病人仍然不治，至少家屬也盡力了，但願可以把不安和遺憾降到最低。」

會議室裏是一片的靜默，陸醫師摸着額頭沉思，久久，精神科陳醫師問：「要是下次你碰到類似的病人，是否還會做同樣的決定？」我說：「我不知道。」坐在一旁的院長突然說話了：「醫學不是一翻兩瞪眼的工作，科學的精準和黑白的模糊比比皆是，我們所能做的就是為生命做最大的努力。」

陸醫師說：「結論是，病人的死因為外傷性顱內出血。如果沒有問題，我們討論下一個病例。」他把手中的病歷合起來，尤如蓋棺定論，我注意到住院五天的病歷本雖然只有不到兩公分的厚度，卻是無比的沉重。

沒完沒了的治療

【Case 2】

Mr. Loh XX 八十歲 診斷：肺炎合併敗血性休克

病人因為高燒三天被送來急診，到院時意識昏睡，血壓 160/90 mmHg，心跳 110 bpm，體溫 39˚C，呼吸喘急每分鐘約 30 下，血氧濃度可到 95%，X-ray 的報告是心臟肥大，尿液檢查是泌尿道感染。病人有三個兒子，一個在新加坡當醫生，一個是吉隆坡某間銀行的經理，他目前和檳城管理着一間會計樓的兒子同住。經過討論，新加坡的兒子通過手機指導一切，病人便被收治住院，開始抗生素治療。

三天後，病人發燒退了，人也精神起來，但因為頻尿，於是召喚了泌尿科梁醫師。經過檢查確認是攝護腺肥大擠壓到尿道，有建議手術但病人意願不高。住院第五天，因為病人頻密的夜尿，不小心在廁所滑倒，好在沒有傷到什麼。原本第七天可以出院了，但因為家庭的糾紛只能繼續住院。原因是檳城的媳婦堅持給老人插上導尿管才願意接回家，畢竟她是日後的主要照顧者，她說無法照顧一個半夜至少要上廁所五次的老人；然而新加坡的兒子卻堅持不讓老人插尿管，也不要帶尿套或穿尿布，怕會增加尿道感染的風險，不要忘了這一次的住院就是尿道發炎造成的。

家庭革命一觸即發，原本不過是尿尿的一件小事，卻悄悄啟動了老人最後人生的最荒謬一段旅程。

老人只能被擱置在醫院。人老了就像一隻漂泊的風箏，要放要收只能任人擺佈，老人曾經無奈的對梁醫師說：「你看有什麼辦法，把我那話兒綁起來也可以，晚上不必上廁所，我就可以回家了。」

又過了一個星期，檳城和新加坡這個一南一北的拔河賽仍然不分軒輊。然而夾在中間的老人卻輸了，他再次發燒並且呼吸急促，X-ray 的報告是左肺浸潤性肺炎。醫院是個危險場所，乍看是光鮮亮麗，實質空氣中瀰漫着許多細菌，加上近年來抗生素使用的氾濫，這些細菌大都充滿抗藥性。長期住院的老人染上肺炎可說是一種必然。

老人的病況急轉直下，診斷出肺炎不過兩天，雖然帶上了高流量的氧氣罩，血氧濃度也只有 87%。新加坡的兒子氣沖沖的打來電話，除了興師問罪，也下達命令堅持插管住進加護病房。

吉隆坡的兒子回來了，但他的出現與其說探訪更像的是一種儀式，他握着父親時敷衍得就像候選人拜票握着選民的手，每次看到他都在拚命的講電話，對他來說股票的波動比父親血氧濃度的起伏更加重要。

主治醫師說到這裏突然眉頭一皺，因為這時新加坡的兒子也回來了。這是病人住院的第三個星期，痰液的培養報告是抗藥性的克雷伯氏肺炎杆菌，於是便啟動了最後一線抗生素的使用。主治醫師開出 Carbapenem，然而新加坡的兒子卻堅持使用第四代的頭孢子素 Flomoxef，雙方劍拔弩張，爭執到最後，主治醫師攤攤手說：「要不，你把父親帶回去新加坡治療如何？」

加護病房的日子是絕望的無限循環，時間在裏面毫無意義，靈魂在這裏遊蕩，宛如在人世和阿鼻地獄間不斷輪迴。老人的嘴巴插了根管子支支吾吾說不出話，雙手被布條約束着，沒日沒夜煩躁的拍打牀緣。

十天後，老人終於脫離苦海，我們移除了他嘴巴的管子，他終於能自主呼吸。孰不知苦海無涯，正當準備把他轉出加護病房時，他突然說不出話，眼球偏向左側，右手無法動彈。老人中風了，核磁共震顯示他左大腦的一條動脈死死的被塞住。

我們給老人開了清血的藥，這本來是治療腦中風的標準作業程序，可是三天後，老人開始胃出血，紅彤彤的鮮血從鼻胃管流淌出來，緊急召來胃腸科蔡醫師用內視鏡把出血處夾住。蔡醫師和家屬說：「希望能控制住，如果再次出血，就只能手術把部分的胃切除了。」老人意識已陷入昏迷，憑着醫師的意見，家屬的決定，被動的接受一波又一波的治療。可悲的是，治療就像溜滑梯，即使知道往下是無底深淵，病人已無力回天，只能不斷墜落。

最後老人死了。檳城的兒子一臉愧疚，吉隆坡的兒子仍然忙碌的講着電話，新加坡的兒子則一如以往不斷抱怨，而唯一讓他釋懷的就是終於如他所願拔除了父親的導尿管。

說到這裏，連主治醫師也茫然，不知道老人到底在醫院住了多久，甚至死因是什麼也理不出一個所以然。當面對三個兒子時，主治醫師給出死亡的原因是心臟衰竭。

陸醫師把玩着手上的病歷，快兩個月的治療，病歷厚得唯有拆成上下兩冊，即便如此，任一本都比黃頁電話簿還要厚。像死亡之書，每一頁盡是用病人的血和淚書寫而成，我彷彿看到一個扭曲的靈魂被夾在裏面，不斷的嘶吼和哀嚎。

陸醫師說：「結果呢，死因是什麼？」

底下傳來某個醫師小小的聲音：「就是尿尿太多。」

時候到了

【Case 3】

Madam Vasuki 七十五歲 診斷：血管性失智症

病人主訴不願進食已經兩天了，意識清醒可以回答簡單的問題。她是一位失智症病人，除了輕微高血壓外沒有其他的疾病，長期在老年人門診追蹤治療。血壓 110/60mmHg，心跳 90bpm，體溫 37.2˚C。因為有脱水現象，所以收住院打點滴。

住院的下午主治醫師去看病人，生命徵象皆穩定，還舉手和醫師打招呼，到了半夜十二點突然接到醫院來電告知，説護士去檢查時，病人已經沒有心跳。

報告的主治醫師輕輕鬆鬆的講完，一臉怡然自得，因為病歷本只有薄薄的幾頁。

陸醫師問：「有 CPR 嗎？」

主治醫師説：「家屬説不需要。」

陸醫師問：「病人突然去世，家屬有什麼意見？」

主治醫師説：「沒有，他們只説『謝謝照顧』。」

死得安樂，走得自在，在座的醫師們不約而同的拍起手來，等掌聲停下，陸醫師問：「那死因是？」

主治醫師說：「時間到了。」

陸醫師頓了一下，笑笑的說：「沒別的事了，就散會吧。」

但願入土為安

其實真的很感慨，我們活着的時候汲汲營營的過上每一天，到離開的那一刻還要斤斤計較。有些人活了大半輩子，回顧過去，其自傳連一張 A4 紙的字數也湊不齊；可悲的是，臨死前的病歷，竟然可以洋洋灑灑的寫成一本電話簿。

人生的目的，不是為了入土為安。

恐怖的櫻桃小丸子

病人快死了。

就在我眼前，當我看到血正不斷從腦袋深處湧出來時，就知道情況已經超乎控制，病人將會死在手術台上。

只有一絲希望

時值凌晨四點，整個手術室充斥着腎上腺素的亢奮和恐懼，打從昨晚開始，我們已經為這台手術奮戰了八個小時，沒想到最後還是潰敗和失守。

事情從昨晚六點急診的一通電話開始，一個劇烈頭痛的病人被送進來後，很快陷入昏迷，腦部電腦斷層顯示廣泛性的蜘蛛膜下腔出血（Subarachnoid Haemorrhage），好比浸在玻璃瓶裏的醃黃瓜，整顆腦袋正泡在血泊裏。我知道這是動脈瘤（Aneurysm）破裂造成的，血管攝影證實一顆直徑一公分、狀如葡萄的動脈瘤從左側內頸動脈鼓了出來，位於視神經下方。由於鼓出來的地方正是內頸動脈轉進顱內的所在，所以動脈瘤的下半嵌進了顱底的骨頭內，包括它的頸部，那是手術中我要夾住它的地方。

這是一場我沒把握的戰爭，失敗意味着一場大災難。正當猶豫時，病人的昏迷指數瞬間掉到九分，破裂的動脈瘤很可能再次出血，神經外科很多時候像一場賭局，我們都身陷一場輸不起的囹圄。我決定動手術，至少還有一絲希望。

他先生愣愣的看着我，光溜溜的眼睛裝的是一潭死水，空洞和無助。動脈瘤破裂是投到廣島上空的原子彈，它不只可以結束二次大戰，也可以瞬間抹掉所有的希望。他先生還困在驚恐的旋渦中無法自拔，我不知道他是如何做出決定的，在解釋完所有可怕的後果之後，他在手術同意書上簽下名字。

在淤泥中前進

腫漲的腦袋把中央腦室壓得偏偏，頭殼打開的剎那，每一粒腦細胞都迫不急待的擠出來，彷彿後面有一隻掙脱鎖鏈的瘋狗，我感覺到湧到頭殼邊緣的腦袋，像燒開的沸水氣鼓鼓的在怒吼。腦組織太腫，除非把溢出來的腦袋瓜削掉，要不然找不到絲毫空間可以探進顱底。手術才開始我已經不知所措。

慢慢的分開額葉和顳葉之間的薛氏裂（Sylvian fissure），再往深處探進，理論上只要勾破視神經上腦池的蜘蛛膜，釋放部分的腦脊髓液（Cerebral spinal fluid），即可以獲得稀少的空間——1毫米經已足夠，讓我繼續前進；然而腦池內填得滿滿的都是血塊，顯微鏡底下，宛如一道旱季污塞的河牀，滴水不剩，放眼看去盡是瘩瘩的淤泥和發臭的水藻。我左右各用一根扁平的鉤子把額葉和顳葉扳開；過程和開榴槤沒什麼兩樣，這裏靠近語言中樞，動作必須謹慎溫柔，每一粒小小的腦細胞都得呵護備至，不然病人術後將會變成啞巴。

我把淤泥（血塊）慢慢的清掉，把水藻（血管）輕輕的分開。視野漸漸明朗，首先映入眼簾的是嗅神經，然後是視神經，內頸動脈就在它側邊，紅褐色的身軀彷彿一條肥美的蚯蚓。我已經看到動脈瘤的穹頂，就躲在視神經下方，微微的把它往上推，看上去就像一隻躲在荷葉底下探出半個頭的小青蛙。走到這裏，已經是凌晨一點。

吹彈可破的恐怖

東西有多可愛，就有多可怕。表像是美麗的櫻桃小丸子，背地裏是一隻披着羊皮的獸，透過幾近透明的血管壁，可以看到裏面洶湧翻滾的血流。正如我當初所預測的，動脈瘤的頸部正埋在顱底的骨頭裏，要把它夾住，必須要用高速氣鑽把骨頭磨掉。突然好想急 call 劉德華，這是一個連拆彈專家也避之唯恐不及的任務。別說絲毫不允許鑽頭碰觸到動脈瘤，就連震動也會造成它的破裂。我蹲在那裏，手術室所有人都在等我下一步，我不斷調整顯微鏡、輪流嘗試着不同的夾子，時間一分一秒的過去；我成了一個課堂上考試的小學生，望着一籌莫展的試卷，只盼鐘聲響起，管它會不會作答即可繳卷走人。然而，事實是只要一天不把動脈瘤夾住，即使耗到天荒地老、海枯石爛，即使沉積成坐在顯微鏡前的一座化石，我都不能離開手術室。

時間進入凌晨四點。所有人員都筋疲力盡，我已經將大部分的骨頭磨掉，同時也磨去了所有的耐性，整顆動脈瘤鮮嫩欲滴、呼之欲出，正當準備更換最小的鑽頭時，只聽到身旁的護士一聲驚呼，鮮紅的血液像岩漿般不斷從腦袋深處冒出來。我知道完了，動脈瘤破了！

前面只有死路

我愣在那裏，光是幾秒，卻像過了一輩子，我用顫抖的手把抽吸管換成大號的，胃一陣翻滾想吐，其實我已經十二個小時沒吃沒喝，能夠吐出來的也只有那一顆驚恐悸動的心臟。血宛如從堵塞的洗臉盆不斷湧出，流了滿地，我已分不清楚瘋狂尖叫的是麻醉機還是麻醉醫師。只知道再不做些什麼，病人就會死在眼前。粗大的抽吸管呼嚕嚕的抽掉大部分的血液，勉強可以讓我看到破裂的地方，心臟每一次收縮，25% 的血液會進入腦袋；換句話說，隨了每一次心跳，25% 的血液正從這個破洞裏流失。血很快再次淹起來，我只能拿着棉片、止血棉胡亂的往出血處塞，感覺是河堤已潰了，水已漫淹出來，我卻只能慌張的在岸邊堆沙包，一切作為皆無濟於事。

我心裏盤算着下一步，一是讓血流到乾為止，病人死在手術台上；二是趕緊把頭皮縫起來，阻斷血流飛瀉而下的尼加拉瀑布，把病人送離手術室，讓病人死在加護病房。兩條路，都是死路。想到這裏，不禁打了一個寒顫，我緊緊的瞪着顯微鏡，一手吸着血，一手接過護士遞過來的夾子，一片紅色在眼前翻騰，機會只有一次，我的手慢慢放下，在破裂處往內再推進幾毫米，越過萬馬奔騰、氣勢磅礴的片片血花，緩緩的放開夾子。血止了。

結束時，垂死的大腦和血管悲哀地糾纏在一起。我夾住的不是動脈瘤，而是整條內頸動脈。接下來她整個左大腦將因缺血缺氧而報廢，病人會活過來；然而從此她將喪失了生而為人的能力，不再是一位妻子，不再是一位母親，她的記憶將停留在那一片不堪的紅色血泊中，失去了靈魂，往後的遺生將只能像隻布娃娃般在病榻上渡過。我在一個昏暗的小房間告訴她丈夫這個壞消息，離開時裏面傳來肝腸寸斷的哭泣。

每當我檢討手術的過失，只會讓自己深深陷入無盡的沮喪和懊惱，埋怨自己的軟弱，憎恨自己的不自量力。血液湧出腦袋的一幕，成了我深夜的夢魘，每一次驚醒皆是大汗淋漓；病人空洞絕望的眼神，躺在牀上逐漸枯萎的身影，將永遠伴隨着我，在我往後行醫的日子如影隨行、揮之不去、是我一輩子的愧疚。

十年生死

十年生死兩茫茫，不思量，自難忘。千里孤墳，無處話淒涼。縱使相逢應不識，塵滿面，鬢如霜。

夜來幽夢忽還鄉，小軒窗，正梳妝。相顧無言，惟有淚千行。料得年年腸斷處，明月夜，短松崗。

——蘇東坡：〈江城子〉

手術結束後的那個中午我回到診所，護士對我説子軒昨夜去世了，她丈夫剛來電告知。我一陣錯愕，有一種保險絲斷開後的空白。雖然我對這一天的到來早有準備，但確切的事實擺在眼前後，還是叫人不知所措。我頹坐在椅子上，像泄了氣的氣球，無力感尤如蠶食世界的黑洞在身體裏無盡的擴張，不知道是太疲勞還是看了一整天顯微鏡的緣故，我眼前所見全是煙雨浸淹的模糊。

無言的迷茫

十年前的一個午後，那時我剛從台灣回來，面對新的工作環境既興奮又緊張，醫院發下來的診所位於建築一隅，近乎偏僻。診間內偌大的壁櫃只是聊表心意的放了幾本書，桌上孤伶伶一台電腦以及插着唯一一支筆的筆筒。整體看來家徒四壁，比百年破廟還要落泊。子軒就是在這個時候走進來的，陪着她的是她父親和一位黝黑消瘦的年輕人。

我眼前這位女生，二十四歲，長髮披肩，皮膚白皙，五官清秀，雖稱不上女神級的亮麗，卻比熒幕上的明星或濃妝艷抹的網紅多了一份自然與從容，加上總是微微上翹的嘴唇，更讓她看起來有着鄰家女孩的楚楚動人。我問她哪裏不舒服，她抿抿嘴然後靦腆的轉向父親求助，她父親支支吾吾一番，然後說：「我女兒今天早上突然說不出話。」我再次看向眼前這位女生，從她不斷閃躲的眼神，我深深明白那種突然說不出話的迷茫。

核磁共震檢查明確的給出了答案，她左腦額葉和顳葉的交匯處長了一顆五公分大的瘤，由於中心出血，突然膨大的腫瘤壓迫到掌管語言的布羅德曼區（Brodmann's area）44 和 45，使得她突然無法言語。

她向父親點了點頭，一致同意手術並且立即辦理住院。

其實檳城擁有設備完善的中央醫院，以及五間以上的私立醫院，而且一間比一間大，我不理解他們為何偏偏選擇了我這個剛回國的寒酸醫生。滿腔熱血突然湧上心頭，我一定要小心謹慎的把手術做好，絕不辜負他們的信任。這時，那位一直默不着聲的黝黑小伙子突然走前來，對我深深一鞠躬大聲的說：「醫生，這次拜托你了！」我一陣錯愕，類似的場景大概只會在日劇出現。子軒雖然說不出話，卻咯咯的笑着，一手挽着愣小子的手臂，硬把他拖出了診間。

手術成功是禁語

手術排在來臨的星期一早上，麻醉醫師正給子軒做誘導前的準備，刷手護士在推車上鋪好綠色的布單，打開一包又一包器械，把每件器具都井然有序的擺放整齊。我靜靜的坐在角落看着這一切，彷彿眼前所見皆和我無關。打從我當住院醫師起就很喜歡這一刻，類似暴風雨前的寧靜，我閉上眼睛盡可能讓腦袋放空，心裏默默的禱告，祈求手術順利病人平安，這是屬於我自己的宗教儀式。

直到護士上前來和我說：「陳醫師，病人麻好了。」我知道我的工作要開始了。子軒躺在手術台上，想着如此年輕的生命就要提早承受生老病死的苦楚，心裏頭滿滿的不捨，再想到待會我就要把她一頭秀髮全部剃光，更是於心不忍。

然而，我知道，我的工作絕對不是慈善事業，有時更是近乎粗暴和殘忍，接下來我將要在她白晰的頭皮上劃下一刀，而這個傷痕將永遠無法磨滅。

術後我走到開刀房外，沒看到子軒的父親，只有黝黑的小伙子正焦急的等着，他匆匆向我走來說：「醫生，子軒怎樣？」在病人還沒完全甦醒前，我習慣不會給太多的保證，「手術成功」這句話對神經外科醫師來說是一個嚴苛的標準，用凡人的腳步在聖潔的腦袋走上一圈後，仍期望它碧玉無瑕簡直是痴心妄想。我拍拍他說：「手術剛結束，她目前在加護病房，等她醒來我再去看她。」

可以說話了

子軒醒來了，但沒有說話。此外，一切都是好的。每次去查房，偶爾會看到她的父親，其餘大部分時間都是小伙子在照料，他的名字叫勝達，後來我都叫他阿達。因為老覺得他一愣一愣的，話雖如此，他可是個忠誠的「觀音兵」，對子軒的照顧可說無微不至，食衣住行育樂樣樣周到。有一次我還看到他捧了繪本在牀邊給子軒唸睡前故事，只差還沒「恣蚊飽血」、「綵衣娛親」。出院前幾天，他們已經人手一本《簡易手語教學入門》，每天比手畫腳，亂七八糟的語無倫次，子軒總是被逗得哈哈大笑。離開病房時，他們倆的笑聲仍在走廊上不斷回盪，而我的心情卻沉到谷底，因為早上收到子軒的病理報告，她腦袋裏的那一粒東西，是惡性的第三級星狀細胞瘤（Anaplastic Astrocytoma）。

出院後一星期，子軒回到我的診間，我把病理報告放在她的面前，詳細講解往後的治療過程，包括電療和化療。我拆開纏在她頭上的繃帶，傷口已經癒合，頭髮也長高了一公分，我說：「再過一個月，你就會回到以前一樣的漂亮。」她臉上掛着笑容，右手始終牽住阿達，儘管面對着生命的驚濤駭浪，她仍平靜得像暴風雨中繫在港灣邊的一艘小船，他們沒有問我太多的問題，包括等在前面的死亡還有多遠。結束後，我忙着將治療的種種記錄在病歷上，突然子軒用手指在我肩膀戳了一下，我抬頭，茫然的看着她在我面前比手畫腳，阿達說：「她說，謝謝你給她的幫助。」子軒點點頭，我笑笑，連忙給出一個拇指和食指交叉的手式，這是我唯一知道的手語。

一年後，他們再次坐在我面前，子軒一襲長裙、長髮披肩，完全看不出手術的痕跡，而阿達則喜孜孜的容光煥發，「我們要結婚了。」說話的是子軒，我張口結舌難以置信，子軒說：「對不起，忘了告訴你，我半年前就開始會說話了。」我指着電腦上的核磁共震影像高興的說：「腫瘤完全切除，沒有復發。」子軒把頭傾靠在阿達的身上，阿達緊緊的把她摟住，死亡的沙漏終於被拆除，生命不再擔驚受怕；直到一年過去，在心裏我才敢小小聲的對自己說：「手術成功了。」

其實沒成功

年復一年，他們都定時回來檢查，兩個青春無敵的小情侶也漸漸步入中年，時間洗滌去青澀，他們變得更是成熟穩重，我曾經問他們：「沒想過生小孩？」阿達看着子軒，彼此間又開始比手畫腳，雖然他們說話咬字比我還要清晰，但從來沒有忘記手語曾經是他們的愛情密碼，阿達說：「子軒要我告訴你，我們未來的時間太窘迫，容不下第三個人。」那一年，子軒的爸爸去世了，那雙曾經不離不棄扶持她的手，如今只剩下阿達。

手術後的第九年，我沉重的看着剛照回來的核磁共震結果，圍繞着手術切除的部位，堆疊着一圈白晃晃的影像，亮得叫人觸目驚心；那是通過被破壞的血腦屏障，堆積在腦組織上的顯影劑，表示腫瘤再次復發。我的胃傳來陣陣的絞痛，有一種被戲弄的憤怒，原來死神從沒離開過，它只不過使了些齷齪的技倆，蒙蔽我的眼睛，好叫我每天過得沾沾自喜。如今死亡的沙漏再次翻轉，時間再次倒數，我再次領略到神經外科的嚴苛標準，直到現在才甘於承認，手術由始至終都沒有成功。

相比我的焦躁，他們倆卻是沉着而鎮定，我想到「鐵達尼號」沉沒前那一對躺在牀上雙手緊握的夫妻，沒有天意弄人的憤慨，只有從容就義、處變不驚的坦然。「陳醫師，你可以再幫我動一次手術嗎？」子軒看着我，她雙眼亮亮的，「我不奢望，只盼再給我十年。」我注意到他們的雙手因為緊緊相握而逐漸泛白。

沒法再給你十年

第二次手術，過往的傷痕仍藏在濃密的髮絲下，歷歷在目，再再的提醒我，問題始終都在，只是我怯於面對。術前我再次向上帝懇求：我知道一切皆有祢的旨意，然而這一次，祢能不能聽聽我的？手術中的腦瘤不再像第一次的安分守己，它尤如荒野的荊棘肆無忌憚的蔓延，遍佈整個表層，往下如吐司上的菌絲深深的扎進腦皮質，我已經不知如何去摘除；就像一個眺望星空的孩子，頓時明白人類是多麼渺小、能力是多麼局限。術後的子軒右側略顯無力，言語含糊，詞藻如同交纏成一團的海藻，而更糟糕的是化驗的結果，經過多年的突變，腫瘤已惡化成第四級的膠質母細胞瘤（Glioblastoma）。死神訂下了時辰，沙漏頂端的沙子已所剩無幾。

子軒接受第二次的電療和化療，然而所有的嘗試皆無濟於事，膠質母細胞瘤有着「凡殺不死我的，必使我更強大」的特性，它分秒都以幾何級數的速度不斷分裂，再多的醫療干預都是徒然。半年後的子軒已臥牀不起，腫瘤攻城掠地，完全佔據了左側的腦袋並且還猖獗的往右腦延伸。因為高劑量類固醇的使用，她四肢浮腫，臉也胖了一圈。雖然已無法言語，仍精神奕奕，好在之前練就好的手語成了她和阿達唯一溝通的工具。

某一個下午我去病房看她，阿達不在，子軒悠悠的看着窗戶，外面陽光普照，兩隻鴿子咕咕叫着站在窗檐。我坐在牀邊，她轉向我，即使再辛苦她臉上也總是掛着笑容，我問她：「頭還會痛嗎？」她搖搖頭，「有什麼我還可以幫到你的？」她仍舊搖頭，「你是我看過最開朗的病人了。」她咯咯的笑着，我們相對無語，有些話很想對她說卻無法開口，我站起來準備離開，還沒跨出門，我鼓起勇氣回過頭和她說：「對不起，無法再給你十年。」她抿了嘴，雙眼亮亮噙滿淚水，她奮力的舉起唯一還能動的右手，比出一個拇指和食指交叉的手式，那個我唯一知道的手語。

我很少出席病人的喪禮，但十年的緣分，子軒對我來說已不單單是病人。阿達看到我，眼睛鼻子泛紅，原本強忍的淚水收也收不住。我抱着他，感覺到他全身悲慟的顫動，那是天崩地裂的悲傷，溫熱的淚水浸濕了我的肩膀，他哽咽的說：「雖然只有十年，但我們真的、真的很快樂，謝謝你。」

隔天，我再次回到子軒住過的病房，空空的，卻總覺得人還在，想到蘇東坡憶亡妻的詞，心裏一陣悲涼。落地窗外藍天白雲，蒼翠的青龍木開滿了黃色的小花，我聽到鴿子咕咕的叫着，只是不曉得為什麼，原本成雙成對的，如今卻只剩下一隻了。

致命的錯誤

「曾子曰，吾日三省吾身」。我是個內省的人，自我檢討是我大腦裏頭的內建機制，我從不懼怕複習錯誤，坦承錯誤，進而改過錯誤。

然而有個錯誤，時至今日，每一次追憶都叫我痛苦萬分，雖然歲月匆匆，但記憶卻無法淡忘。那個血淋淋的場景，曾經鮮活的面孔，像宣紙上的一點墨跡，像病房中死亡的味道，相信縱使耗盡我的餘生，宣紙泛黃了，房子傾圮了，這段曾經的過犯，始終歷歷在目。如果人生可以剪輯，我恨不得生命中不曾有過這一段。

懺悔的紀錄

有些錯誤可以被寬恕，甚至被遺忘，但我寫下這篇文章，並不是為了尋求救贖，我知道無法被原諒，寫下來或許只是為了懺悔；但更覺得我有義務把整件事的脈絡記錄下來，是個見證，是個警惕，好叫我日後不再犯下相同的錯誤。

只記得這是普通的一天，日子是千篇一律的過。叫了號，一個理了平頭的漢子走進來，步態謹慎，他貌似五十來歲，個子不高，短小精悍，我第一個想到小平同志。他坐在我面前，眼神飄動，不斷搓揉着手指，肢體語言告訴了我他此刻正極度的焦慮。我問他哪裏不舒服，他也沒説什麼，逕自從一個大塑膠袋裏抽出一疊檢查報告，直到攤在我面前才説：「醫生，麻煩你看一下。」我翻過報告，從電腦打開一張光碟影像，瞪着熒幕終於明白他的焦慮。那是一個後顱窩（Posterior fossa）腫瘤，長在右側的小腦 - 橋腦角（Cerebella-pontine angle），足足有五公分大，腫瘤不只壓迫住小腦，巨大的體積甚至把整個橋腦往左邊推，中間的大腦導水孔（Cerebral aqueduct）和第四腦室（4th Ventricle）幾乎被壓扁，已出現中度的水腦症。這是一個極需手術介入的病人，而且刻不容緩。我問他頭會不會痛，他不知所措般搖着手説：「抱歉醫生，我不是病人。」我再翻閱檢查報告，上面的資料欄寫着，病人只有十九歲，他惶恐的看着我説：「他是我兒子。」

腦瘤長在青年的腦中

這是一個前庭神經瘤（Vestibular schwannoma），也叫聽神經瘤，發病年齡通常是四十歲之後，我第一次看到這麼年輕的。一般來説，聽神經瘤屬於良性腫瘤，若能完全切除，病人可以獲得很好的癒後；然而腦瘤和其它器官的腫瘤不一樣，再良性的腦瘤若是長在危險的所在，臨牀上所帶來的苦難往往比惡性的還要糟糕，而小腦－橋腦角這個地方，不只危險而且致命。

如果把我們的腦簡單的分成上下兩部，上面前顱窩（Superior fossa）裝載的大腦半球，掌管的是我們高層次的神經功能，如人格、語言、記憶、算數、判斷能力和抽象思考；而下方後顱窩裝載的小腦和腦幹，則掌管最基本的生命功能，如意識、呼吸、心跳和血壓，換言之，若是後顱窩發生問題，輕則昏迷，重則死亡。

我簡單扼要的講解完後説：「手術是唯一的選項。」這位爸爸低了頭説：「上一位醫師也是這麼説的，只是如果要手術你看能不能等到三個月之後？他正準備着一個重要的考試。」我搖搖頭，指着影像上水腦的地方：「再等下去我怕會危險，還是愈早做愈好。」他爸爸歎了一口氣，再次陷入沉默，我趁着這段空白寫了一張會診單，裝在信封後交給他說：「這是我單方面的見解，你可以多問問其他醫師的意見。」

我習慣讓病人多問，特別是面對如此巨大的決定。其實我私底下則另有盤算，衷心盼望他見到另外的醫師後就不再回來，畢竟這個手術困難重重，高壘深塹，步步皆是陷阱，希望和失望只有一步之遙，腫瘤和腦幹黏得有多緊，生存和死亡就離得有多近。

醫生，我會死嗎？

一個星期後，他再次回來了，帶着他的兒子。「醫生，我們決定做手術，就在你這裏。」我眼前的年輕人，一百七十五公分的身高，壯碩結實，曬得一身黝黑的皮膚閃閃發亮，他和爸爸一樣，理了一個平頭，精神奕奕，朝氣煥發。我問哪裏不舒服，他笑笑，露出潔白的牙齒，彷彿在給黑人牙膏拍廣告。「頭痛，早上醒來特別想吐。」他說話條理分明，「最近看東西愈來愈模糊，還會暈，走起路來老是往一邊偏。」我問：「聽覺呢？」他往大腿拍了一下說：「是的，半年前開始聽不清楚，右耳現在幾乎聽不到聲音。」我問他知不知道自己腦內長了一顆瘤，他點點頭，一臉堅毅，即使有害怕也掩飾得很體面。

接下來我一步步向他講解手術的過程，所有可能的風險，可能出現的術後併發症，直接得近乎冷酷而且毫無保留，我把他視為一個可以為自己生命做決定的成人，而他確實表現得成熟和睿智。講解結束，他看着放在前面的手術同意書問：「醫生，我會死嗎？」我一陣錯愕，沒料到現在的年輕人如此直白，我說：「有這個風險，但我會很小心。」我發現自己不自覺避開他的眼睛。他和爸爸對望了一眼，拿起筆，義無反顧的在同意書上簽下名字。

手術當天我起得很早，洗澡時在腦海中反覆操練手術的每個步驟，類似的手術我做過無數次，雖然如此，每一次都如履薄冰、戰戰兢兢。我先把孩子送去學校，關上車門前，兒子揮手說：「爸爸，晚上見。」往醫院的路上，蔚藍的天空清澈得如同一面水晶，我貪婪的觀望這一片清明，因為知道當手術結束時已是萬家燈火了。

回到醫院，我把病人看過一遍，然後換上手術服走進等候室，病人已經在那裏，我走過去握住他的手說：「家俊，昨天睡得還好嗎？」小伙子勉強擠出一個微笑，臉上是懼怕的蒼白，我發現他的手微微在顫抖，我說：「別怕，等一下會讓你睡着，等你醒來，手術已經結束，中間就像發了一場夢。」他說：「真的？」我點點頭，他又問：「要是這個夢一直都不醒呢？」我拍拍他說：「無論如何，我一定會把你叫醒。」他把我的手握得緊緊的說：「我醒來的第一件事，就是和你說謝謝。」我萬萬都沒想到，這成了他生命中最後一句話。

不想停的雙手

手術是一個既複雜又冗長的過程，一位生理技術員在病人身上、頭上貼滿導線，為的是能夠在手術中緊密監控顱內神經和腦幹功能，避免被我所傷。我在他右耳後下方的顱骨處開一個比兩個汽水瓶蓋還要小的橢圓形小洞，這個洞將是我接下來十個小時工作的地方。直到我把小腦勾開，第一眼看到腫瘤時早已過了三個小時，它在顯微鏡的氙氣燈下發出妖異的光茫，呈橘黃色，表面上佈滿血管，緊緊的貼在顳骨上。四周湧出來的腦脊髓液像一波波漲潮時的潮水偶爾會淹沒腫瘤，細看宛如溪流中的一塊鵝卵石。但我知道，事情絕非詩情畫意，這個結構如此緊實的腫瘤儼如冷酷無情的冰山，我所看到的不過是冰山的一角；它龐大的身軀、錯綜複雜的形態、以及最致命的部分，都鑲嵌在這深不見底的窟窿裏。

神經外科的手術就是細水長流，時間在每一次吐納間慢慢流逝。細分出每一條被粘黏的顱內神經和血管是一件耗神又費體力的工作。手術中我有一個意外發現，廣播電台播放歌曲的員工原來滿寫意的，曲目老早就預錄好，不過是重復一播再播，因此當聽到第四次周杰倫的《說好不哭》。我已經很想哭了，牆上的時鐘顯示下午四點，原來已經開了七個小時，腫瘤至少拿下四分之三，但我明白，剩下的四分一才是關鍵。體力已到了某個極限，大家都兵困馬乏，跟刀的護士嬌滴滴的說：「陳醫師，你別急，慢慢來，再聽多兩次《說好不哭》，我們就可以下班了。」

事後回想才知道，這是一個下不了台的手術。就在四點剛過，顯微鏡底下被勾到一旁的小腦不知何時漸漸的鼓漲起來，這個發現叫我起滿雞皮疙瘩，我感覺很不對勁，有些事情已經出錯，風暴和災難已在醞釀。我調整顯微鏡，輕輕碰觸仍黏在底部的腫瘤，馬上看到鮮紅的血液從邊緣處滲出。糟了，腫瘤下面貼着腦幹處的某條動脈或許在我撥動腫瘤時撕裂了，我看不到出血的所在，但血仍源源不絕的流，這一點倒不是最嚇人的；最叫人懼怕的是小腦開始從小小的橢圓形小洞冒了出來，像一團擠出來的牙膏，使得原本已經是很狹窄的手術空間，頓時完全被閉封。

事情在電光石火間發生，原本歌舞昇平的情境在 5 分鐘之內就豬羊變色，在我反應過來之前一切已來不及。血液打從破裂的血管灌進了腦池（Cistern），快速的混合着腦脊髓液充滿了整個腦室，狀似把大量的水囫圇的灌進氣球，這就是小腦鼓出來的原因。小腦佔據了戰場，領地已經失守，我的手術兵敗如山倒，我杵在那裏，腦袋是被轟炸後的空白，事情的進展已超出我的掌控，只能像糖果掉在地上的小孩不知所措。莫名的恐懼排山倒海似的擊來，冉冉升起的寒顫貫穿了全身，一個念頭突然閃過：病人會死在這裏。

我把手術的傷口拉大，一直延伸到枕骨和頸椎，把大面積的枕骨咬掉，打開枕骨大孔（Foramen Magnum），期盼放掉過多的血液和腦脊髓液，給我製造一些空間好讓我進去止血。但一切都無濟於事，整個腦部因突然而來的巨大腦壓早已疝脫，接下來我反復的試着把小腦撥開；但充血的小腦一碰即出血，我變得很焦躁，眼鏡因急速的喘息而蒙上一層水氣，識趣的流動護士早已把收音機關掉，除了心電圖儀發出規律的聲響外，整個手術室是滿滿的悲傷，滿滿的死寂。其實我老早就知道，走到這裏已經無能為力，但手始終不願停下，換着不同的器械，試着從不同的角度進入，彷彿只要我堅持下去，手術就不會結束，而病人的生命也不會結束。我放了一個引流管進腦室，當看到溫熱的血液從引流管噴射出來時，我是絕望的虛脫，因為再剛強的腦幹也無法承受如此高的壓力。

最後我只能一針針的把傷口縫起來，此時關上的不只是一顆垂死的腦袋，也關上了這個孩子活下去的唯一一道門。術後，我沮喪的抱住頭坐在地板上，麻醉醫師走過來拍拍我臂膀，一位善良的護士溫柔的説：「陳醫師，你已經盡力了。」而我深深覺得，我犯了一個無法被原諒的過錯，怎能如此輕率就奪去了一個年輕的生命！

我想把你叫醒

當我走出手術室已是晚上九點，如坐針氈的家屬在外頭不斷的踱步，我走前去，他們全圍攏過來，我眼睛泛紅，啞着嗓子説：「對不起，手術出了意外。」我試着去解釋手術當中發生的一切，但是無論怎麼辯解都無法自圓其説，當我講完，感覺他爸爸一剎那間老了許多，他絕望的問：「真的沒有別的辦法了嗎？」聲音嘶啞斷裂，這是一個父親最絕望最無助的懇求。我殘酷的搖搖頭，能試都試過了，哪怕還有一絲的希望，我也會毫不猶豫的把家俊推回手術室。家屬們全都抱在一塊痛哭，悲愴的呼喊聲在手術室外的長廊中回盪，那種撕心裂肺的傷痛深深的把我擊碎，我的手不住的顫抖，心裏不斷吶喊：「我到底做了什麼？」

回到家，孩子們正和媽媽在客廳聊天，我不禁想到那個回不了家的孩子，強忍的悲傷彷彿找到了出口，禁不住站在原地崩潰的嚎啕大哭，家人們走過來，女兒攬着我的肚子説：「爸爸別哭。」我一把鼻涕一把眼淚，一股腦兒的把今天犯下的過錯全盤托出，兒子問：「病人和我一樣大嗎？」

我說：「比你大一些。」他用已長得比我大的手掌輕輕撫摸我的頭，那是小時候我最常對他做的事，他說：「爸爸，我明白你的難過。」太太說：「來，我們大家幫爸爸禱告。」

家人們手牽着手，默默的祈求，我的心傳來陣陣的悶痛，相信是胸腔裏頭填塞着滿滿的悲傷，「上帝啊，請讓這孩子活過來，別因我的過犯而奪去他的生命，即使祢要我掉進火海以作交換，我也願意。」我對這個孩子、這個家庭犯下的事，着實罪不可赦，辯無可辯。套句市井小民的話，我這個可恨的靈魂即便打上十場齋也無法超渡。

第二天一早，等我再次回到加護病房，家俊的瞳孔經已放大。他的父母和兩個哥哥均圍在牀邊，每一次向他們講解病情，對他們已經肝腸寸斷的心都是一次又一次的撕裂。我第一次覺得當醫生這麼窩囊、這麼混蛋，反觀家屬都是善良的人，事情發生到現在，盡是默默在承受、從無惡言，如此叫我更加的難受，我寧可他們罵我、苛責我，如此我的心會更好過一些。兩天後，家俊去世了，就在璀璨璨的朝陽初升的早上，我相信是來自上面的那道光把家俊接回了天家。我緊緊握着他爸爸的手一直說對不起，對不起，完全卸下一個醫師的莊重和尊嚴，眼淚帶着歉疚簌簌而下。我抱住他悲傷欲絕的媽媽，不斷的說：「對不起，給你們一家帶來這麼大的傷痛。」他媽媽輕拍我的背說：「醫生，我們已經放下了，讓家俊好好的走。」聲音低沉哀戚掏空了我的胸膛，「你也要放下知道嗎？前面還有很多病人需要你的幫助。」

我給了一個孩子生存的希望，最後卻親自把它摧毀，更甚的是，他最後連向最愛的人道謝、道歉、道愛和道別的機會都沒有，這才是我無法原諒自己的地方。軍人有創傷症候羣，原來醫師也一樣，接下來兩個星期，我毅然決然停掉了所有的手術，只要一拿起手術刀，眼中就會浮現小腦和鮮血不斷湧出來的畫面，那種絕望的恐懼感，即便是在大半夜也會把我驚醒。

有些事會隨了時間被沖淡，像沙灘的足印，一經洗滌再也不被提起；但有些事，猶如刻在青銅器上的銘文，縱使歷經滄海桑田，仍然言之鑿鑿，刻骨銘心。我永遠忘不了這個孩子，更加不可能放下，這個痛再再提醒我，手術刀可以救人性命，也可取人性命。身為一個外科醫師，生命交在我們手中，務必小心再小心。

那天我一如往常載小孩上學，到了學校，兒子也一如往常的揮了手說：「爸爸再見。」看着他離開的背影，我想到家俊，禁不住一陣鼻酸，曾經有一個孩子因我的關係，再也不見。一路開往醫院的路上，車上的廣播電台再次傳來周杰倫的《說好不哭》，我卻早已淚流滿面，模糊得再也看不清前方的路。

當我老了

老人九十歲了，眉毛皺也不皺一下，提了筆，巍顫顫的在同意書上簽下名字。我說：「老伯，你可知道手術是有風險的？」他給我一抹苦笑：「要我一直這樣痛下去，倒不如痛痛快快的在手術當下死掉。」我心想，你倒是說得輕鬆，可知道病人果真死在手術台上，醫師要背上多大的愧疚。

躺在手術台的百歲老人

隨了時代的遷徙，醫學的進步，老齡化人口愈來愈多，老一輩的人說人生七十古來稀，如今活到八、九十歲的老人比比皆是。早年七十歲以後要進行手術可是禁忌，然而隨了世俗觀念的改變，年青人不怕死，老年人愈來愈不想死，因此八十歲以上的手術就成了常態。

有一天早上，我一進手術室就覺得氣氛詭異，空氣凝重，大夥如臨大敵。護士們快速的奔跑着，幾位麻醉醫師躲在牆角交頭接耳，我心裏納悶，衞生部上個月不是才派人突擊檢查過嗎？我拉住一位護士，一問才知道，原來待會有一台百歲人瑞的手術。替一位一百零一歲的老人進行手術到底是怎樣的概念？老阿嬤膽囊發炎破裂，放任不管將引發腹膜炎和敗血症，手術是唯一可行的方法。「可是，你知道病人左心室的射血分數（Ejection fraction）只有 20% 嗎？」麻醉醫師好不容易把我逮着向我訴苦，他苦惱的抓着頭髮，感覺如果這時給他一個陽台他恨不得立馬來根煙。EF 20% 表示心臟近乎衰竭，瀕臨崩潰的心臟宛如一隻驚惶過度的金絲雀，別說麻醉，光是說話的分貝高一些都會把牠嚇死。

九十不甘

很多人說，九十歲了，說句不好聽的，都活成了精，凡事就看開吧。然而，生命的本質就是追求慾望的最大化，給你一百歲，你絕對不甘只活到九十，醫療的建立不就是為了滿足這個慾望？延年益壽是人類諸多矛盾的最大公約數，從古時帝王千方百計遍尋仙丹，到現在坊間各種保健品、回春幹細胞，只要能將生命的延續多拉長 1 分鐘，萬事都可以無所不用其極。於是乎，如果你說給手術的時機做個停損點吧，我也只能說：不計代價，只要心臟還在跳都可以動手術。

肉身的慾望會隨了年歲而遞減嗎？我有一個病人，家纏萬貫、兒孫滿堂，萬一他突然離世，大概也了無遺憾，白色燈籠至少寫上八十有九。然而，他每一次回診拿藥都不厭其煩的和我説，他又炒了哪塊地皮、看中哪幢房子。「陳醫師，你相信我，這幢房子十年後價格至少翻上一倍。」他喜孜孜的説得眉飛色舞，孰不知對於我們這種做一輩子也只是給銀行繳房貸的人來説，不免心生怨念，暗地裏想：十年後燒一把火送去下面給你。

人視錢財已然如此，至於生命，更加苦苦不放，有多緊就咬多緊，能修則修，不行則換；因此又發展成器官移植，更衍生出器官買賣，就像汽車零件汰舊換新一樣，最好來個乾坤大挪移，徹徹底底大翻修，以得生命永續，萬歲萬歲萬萬歲！

老了要如何

然而，古往今來，所有高呼萬歲萬萬歲的，都已經塵歸塵土歸土。生命的逝去猶如肉體的腐化，其速度之快會叫你瞠目結舌。人過五十，生命的時鐘就像被人動過手腳般走得特別快。到了六十，分針成了秒針，來不及細數，年歲就在滴答聲中被偷去。進入七十，倒數的碼表終究失控，像一輛失速的火車義無反顧駛向隧道的盡頭。人生的終點貌似微弱的一縷燭光，沒有華麗的轉身，不過痙攣似的搖曳，瞬間熄滅。雖然追逐萬歲萬萬歲是造孽的執念，而對活着的嚮往卻是理所當然；年輕的生命如此，老年的生命也一樣，即使百歲人瑞也有為生命拚搏的權力。可是別忘了，死亡的降臨一樣是理所當然，一旦到了人死燈滅，你的心境依然是執著還是坦然？

病榻上的老人，是宴會上最後一道菜，通常就是一盤不慍不火的炒飯，比起主菜的秀色可餐、十里飄香，它顯得暗淡無光，被擱在桌上不過就為了完成酒席最後一個過場。它乏人問津，近乎孤苦伶仃，隨了人去樓空，空望着滿桌杯盤狼藉，只能想像曾經五福臨門的華麗和鮑參魚翅的貴氣，最後落得只能被倒進垃圾桶當廚餘。人老了，病痛纏身，像個破水管，補了這裏漏那裏，千奇百怪的疾病淩遲，但死亡總是一樣，就是嚥下最後一口氣。悲觀的就是焦慮、暴躁、絕望，然後鬱鬱而終；或許可以看開一些，文雅一些，當廚餘又如何呢？ 仍然可以化作春泥更護花。

曾經，我和一個癌末的老人對望眼，他躺在牀上雖然奄奄一息，目光卻炯炯有神，他用眼神示意我坐下，我無法抗拒似的就坐在他牀邊。他說：「有沒有煙？」我瞄了瞄他牀頭的牌子，上面寫着肺癌。我說：「院內禁止吸煙。」他說：「就一根，這是我的遺願。」隔壁牀的老阿伯聽到，馬上給他吐糟：「他對每個經過的醫生都這麼說。」老人捉起牀邊的空尿壺扔了過去，「老不死，你不是患喉癌嗎？還能這麼多話。」我檢起尿壺還給他說：「等你回家後再抽吧。」他指了指掛在鼻上的氧氣管說：「回家？住進來後就沒打算可以出去。」我問：「什麼意思？」他說：「我知道我會死在這裏，老不死這句話，除了可以用來罵人，也可以騙人。老了哪有不死的。」我說：「所以，你一點都不怕？」老人一陣咳嗽，笑哈哈的說：「我活夠了，怕什麼！」言談間，我知道他是個屠夫，殺豬的，難怪如此風度翩翩、氣宇軒昂，他說着說着又罵了一句粗話，他閉上眼睛，悠悠的說：「我這輩子坦蕩蕩，沒害過任何人，要說對誰不住的，也就是被我宰的那些豬，大不了下輩子投胎做二師兄，十八年後又是一條好漢。」我說:「我欣賞你。」他溫柔的握住我的手說:「相識即是有緣，也許明天你就看不到我了，」眯起眼睛笑臉盈盈，「來根煙，如何？」

放下的勇氣

人生啊就像冰箱裏頭的一塊肉，最終的結局不是被吃掉、扔掉就是爛掉，無論你在裏頭渡過了多少個寒冬，直到白髮稀稀、垂垂老矣，你終究明白，世間萬物除了真理外，沒有什麼是永垂不朽。

如果我有幸活到古稀之年，但願仍然有勇氣捍衛自己的生命，即使要經歷巨大的手術也能處之泰然；也祈求給我智慧，讓我可以拿起也懂得放下，比活着更勇敢的事，就是在生命的最後一刻放下所有的勇敢，坦然面對，不去掙扎；期盼讓我有殺豬大哥的氣概，死到臨頭仍然浩氣長存。最後，在閉上眼睛的那一刻，在這塵世間已了無牽掛，別在焦慮、懊惱，還擔憂遺囑是否有人去執行，十年後子子孫孫會不會把房子燒給我？

要是我們不知道如何善終，那就只能讓醫學、科技和陌生人來操控自己的命運。

——Dr. Atul Gawande

《凝視死亡：一位外科醫師對衰老與死亡的思索》

我望着天花板，灰濛濛的，似下雨的天，退色泛黃的石膏當然不會有雨，只有灘灘水漬的斑駁。對我來說，這是一幅蒼白的幕，我腦海中的影像，那些過去和失去的，未來和可預知的事，像重重疊疊的黑白膠片，正無止境的投視在上頭。

這是我的故事，正在上映，也即將結束。

加護病房三號

我今年六十七歲，早已過了耳順之年。一年前放下了工作領着退休俸，悠悠哉哉的活着我的人生。若是把人生比喻成渡江，我早划過重重山水，經歷過風風雨雨、驚濤駭浪；如今小舟輕渡，水面如鏡，環視水鳥羣羣，在雲霧山巒中自在翺翔。我掌了舵，迎着風，我相信幸福人生，我不相信彼岸。

老天用當頭棒喝敲響了第一聲鐘。在六十八歲到來的前一天我倒下了，醒來時我有一種不知所以的茫然，腦袋似是泡了酒，景物在眼前旋轉；有個小伙子用手電筒來回照着我的眼睛，我聽得到他呼吸的急促。當我稍微有了知覺，卻頭痛得想吐，嘴裏被硬生生的塞了根管子，吐也吐不出來，憤怒和恐懼佔據了心頭，我嘶吼的尖叫卻不見聲音，四肢掙扎揮動卻感覺不出一絲的力量。我發現眼球無法轉動，影像停格在頭頂上不斷旋轉的風扇，更糟的是我無法動彈。一開始我咒罵着哪個混蛋綁住我，然而到底我是明白了，是我的身體不聽使喚，像塊破布似的毫無知覺地被扔在牀上。

兩個寶貝女兒正淚眼汪汪的看着我，還有我的老伴，她正握住我的手，我能夠感覺到她手掌上細細柔柔的皺紋。我呼喊着他們的名字，聲音轟轟的在我腦袋中回蕩，卻像是上演着一部啞劇，溫熱的淚水滑過我的臉龐。突然她們被幾個人拖了出去，我四周的布簾被拉上，隨後右手傳來一陣刺痛，一包點滴就掛在我的頭上。事到如今，我終於知道我在醫院。

嘎嘎叫的病牀行在長長的走道上，我細數着頭上一根根氣弱游絲的日光燈，事後回想，這就是我的最後一里路。我被轉送到加護病房。他們毫不吝嗇，凡我身上有洞的地方都插上了管子，打從頭上開始細數，鼻子插上了鼻胃管，嘴巴插上了呼吸用的氣管，脖子上打上一根中央靜脈導管。他們連我的老二也不放過，狠狠的塞了一根導尿管。我現在就像電影裏頭躺在實驗室內的科學怪人。照顧我的是一位年輕小護士，我從她閃動着猶豫不決的眼神看出她的青澀，她把牀頭調高，扶直了我的身體，如今我的視線稍稍可看到水平面。

我的家人進來了，哭着，無助的顫抖着，像風雨中幾隻流浪貓相互的依偎着。禿頭的醫生走過來，用鏗鏘的聲音宣讀：「他腦幹旁有一片大出血，救是救不來了，運氣好的也許幾天就走，運氣背一點的，就會像根白菜一直睡着的活着。」上帝借了他的口頒佈了旨意，我的名字從這一刻起就改為「加護病房三號」。

死不了怎麼辦

我是一個樂觀的人，樂觀得如果把我當成一枚銀幣，再怎麼擲就只會出現「正面」，或是納吉[(1)]再次當上首相，我仍相信未來充滿希望。然而，我現在只有一個請求：讓我死吧。

從成為「加護病房三號」的第二天，我就不斷思索這個問題，現在我終於明白上帝的仁慈，人之所以不被允許長命百歲，就是因為生命無止境的延續只會帶來無止境的痛苦。如果你還不明白我的意思，大可把我褲襠內這根管子換到你的褲襠內，你就會了解了。可是他們每天定時定量的從我的鼻胃管灌入牛奶，不夠的水份電解質從點滴補充，我成了開心農場裏頭種的一棵菜，愈發的茁壯。我開始擔心，要是真的死不了怎麼辦？

一個又一個四號

第四天的半夜發生一件事。我隔壁鄰居，也就是「加護病房四號」，他牀頭上的監視器突然「嗶、嗶」的叫個不停，一羣護士衝了過來，熙熙嚷嚷的叫着，像被捅的蜂窩，一下子搬來各種各樣的儀器，開始進行我後來稱之為「啟動生命模式」的標準作業程序。一位胖嘟嘟的護士跳到四號的牀上，兩手在他胸前不斷的擠壓，鐵牀和病人不住的搖晃，光景好比「驅魔人」那個被鬼附身綁在牀上的小女孩。緊接着他們用一根閃着金屬光澤，像回力棒似的東西敲開病人的嘴巴，四號的喉頭發出「嗝、嗝」的聲響，一根透明水管就插進他的喉嚨裏（我嘴巴內也有一根）。事情走到最後，當然免不了電擊，「CLEAR ！」兩個把手在他胸前一壓，四號劇烈的抖了一下，頭偏向了我，雙眼睜得比碗公還大，彷彿在呼救：「讓我死吧，讓我死吧！」一直到第五次的「CLEAR」，就像傍晚時分廚房的嫋嫋炊煙，鄰居飄來陣陣的燒烤的焦味。一個小時後，小護士們收拾着杯盤狼藉，四號走了，家屬捶胸頓足號啕大哭，我也哭了，哭這慘兮兮的光景，哭得像似走的不是鄰居而是我自己。打從心底我默默的唸着：「誰要是敢在我身上啟動生命模式，我頭七的第一件事就是回來找他！」

四號走了又來了另一個四號，想不通為什麼每個人搶破了頭都想擠進來住一住？到了第五天，我終於看到了一絲希望，護士説我發燒了，而且滿嘴濃痰，禿頭醫生又下了旨説我得了肺炎，或許我這一回真的可以死了。我的家人又唏嚦嘩啦的哭了一陣，我唯一的痛苦就是無法安慰他們。每個人的路走到最後都一樣，我先你們到這裏，如果沒有另一個世界，日後我們將一塊化作塵土，暢漾在這片浩瀚的宇宙；要是有，我就先蓋好房子等你們來住。

只想一路好走

我的血壓開始掉了，禿頭醫生說這是敗血性休克。我的世界只有天花板和風扇，外面正下雨，聲音我是聽得到的。我想念家院子裏的那棵釋迦，雨水會把它澆得更嬌嫩，我想念小黃貓，牠總在每個早晨爬上牀親我的嘴。我好想家，想回去，如果可以選，別讓我死在這裏。我的家人又進來了，兩個女兒在我額頭親了一下，留下了老伴，她臉龐瘦了，皺紋卻更深了，她握住我的手說：「醫生叫我在拒絕急救的同意書上簽字，你說我是簽好還是不簽好？」老伴祥和的望着我，輕輕撫摸我的頭：「老傢伙，如果我讓你先走，你不會生氣吧？」她拭了拭眼角的淚水，頓了頓說：「你放心的去吧，我很快就過來找你，兩個女兒孝順，會照顧我，我兩腿還行得動，柱了拐杖能去對面買飯，餓不死。」說着說着，她把臉伏在我的臉頰上，我感覺到她淚水的溫熱和身體的顫動，她抿了嘴，在我耳旁泣聲的說：「我真的不想看到你這樣難過。」

雨停的那個午後，我終於回家了，「無醫、無醫」的救護車把我載了回來。躺在自己的牀上望着窗外，藍天掛着幾片白雲，釋迦的枝椏隨了微風輕輕的搖晃，像是向我招手。活着我有遠大的志向，快死了才知道再偉大的志向，也及不上死在家裏這樣簡簡單單。隨車的醫護人員摘除了我身上所有的管子，我不再是「加護病房三號」，此時此刻我再次相信，我是人。老伴給我換上平時最愛的睡衣，放了我最愛聽的交響樂，家人全陪在我身邊，小黃貓也爬上了牀舔着我的小指頭。微風輕輕的吹，有一種淡淡的幸福，我的眼睛快要闔上，忍不住還是笑了出來，希望她們都看得見我臉上的微笑。

人生最後一里路，盼望大家一路好走。

（1）納吉：馬來西亞首相，2020 年下台後因貪污罪被起訴，目前已鋃鐺入獄。

誰説當醫生好帥？

醫學這條路古往今來都不是平坦的，
也許會失業，並面對許許多多的挫折，
但是如果你都準備好了，這一條路將是處處精彩。

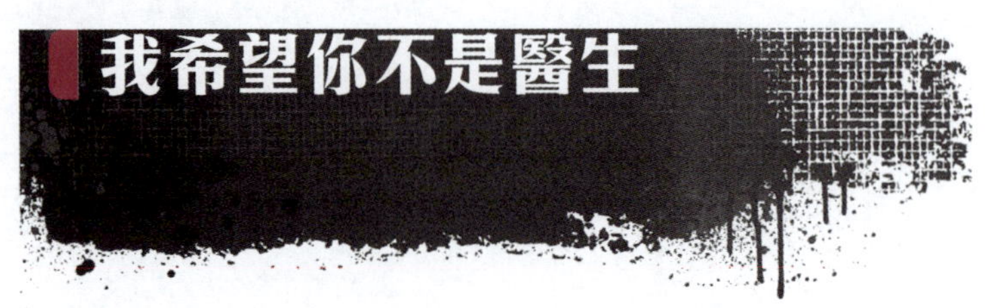

我希望你不是醫生

有一天，正在開車的時候，坐在後座的女兒突然說：「爸爸，我希望你不是醫生。」

我訝異的問：「為什麼呢？」

「因為我覺得你每天都很忙。」女兒說完，一陣沉默，我從倒後鏡看到她一臉無奈，再瞄了瞄坐在一旁正呼呼大睡的兒子。我想到一個星期前發生的事。

良辰美景的崩塌

我和老婆計劃全家去露營，對我來說這是一件大事，並不是指露營的準備工作，而是如何妥善安排我的病人；只要不在醫院方圓十公里內，我都會不由自主的恐慌，深怕任何的緊急事故卻趕不回去。而這一去就是三天兩夜，醫院裏又沒有可以替代的醫生，於是一個星期前我開始限縮住院病人，可以出院的就出院，排好的手術就挪到露營之後。直到出發前我的住院病人只剩下五個：兩個脊椎手術後的病人，兩個腦中風後堅持住院做物理治療的啊嬤，剩下最後一個病人是六天前開完腦瘤因血壓高所以我不讓她回去。

交代完急診室不收住院病人後，便興高采烈的開車離開檳城。兒子女兒在後座興奮的唱着歌，碧海藍天，太陽高掛，感覺人生無比的燦爛。幾分鐘後車子駛過了大橋，我高昂的心志卻慢慢的往下沉，理智告訴我已經離開了十公里的安全線，這條紅色的警戒線既細薄又脆弱，我彷彿聽到車子輾過它後發出的破碎聲響。我甩了甩頭，告訴自己正在放假，也不知道是有意無意還是天意，一過了橋，藍天白雲頓時消失，前方迎接我的是層層疊疊重甸甸的烏雲。

那一夜，我們一家人在營帳中度過一整晚的狂風暴雨。第二天，鳥叫聲把我從睡夢中喚醒，我拉開營帳把頭探出去一看，雨不知道什麼時候停了，碧綠的羣山圍着嫋嫋的霧，遠處不時傳來猿猴的啼叫，一條二十公分長的馬陸正悠哉的攀爬在地墊上。我看了看手機，沒有訊息，我再次提醒自己正在放假。搖醒了一家大小，吃了早餐，便帶小孩到旁邊的小溪游泳。下了一整晚的雨，溪水有點漲，但小孩還是玩的不亦樂乎，從捕蝦子到堆石頭築河堤，這時我看到老婆一臉憂心忡忡的從岸邊走了過來説：「醫院 call 你。」

爸爸要回醫院

我接過手機走到岸邊，電話一頭傳來丘醫師的聲音，他把聲音壓低了，但我仍感覺到他的緊張：「陳醫師，你那個開完腦瘤的病人，意識在這個早上開始變差了。」我的心往下一沉，說：「昏迷指數幾分？」丘醫師說：「十一分，今早八點開始不講話，意識昏睡，因為血壓一直很高，他們叫我來看，我知道你在放假，但我覺得應該要通知你。」

我放下電話，心裏頭比昨晚的狂風暴雨還要亂，我先和老婆商量，從這裏趕回醫院要兩個小時，還要花一個小時打包拆營帳……我走回溪裏，溪水涓涓沖着我的腳，突然覺得好冷，小孩還喜喜鬧鬧的堆着石頭，兒子看我回來了興沖沖的向我走來，也許是我鐵青着臉，他問道：「爸爸，怎麼了？」我說：「兒子，爸爸要回醫院。」

「爸爸要回醫院。」這句話肯定是我小孩童年的惡夢。多少次因為這句話把我和他們硬生生的分開，唸故事的時候、正在吃着晚餐、打着乒乓球、《侏羅紀世界》看到一半、背着女兒在游泳池，然後我就匆匆的拋下他們，他們會跑到玄關隔着鐵門哭喊：「爸爸！爸爸！你不要走！」慘兮兮的彷彿在送行易水旁的荊軻，偶爾鄰居還會探出頭來窺看這家子到底發生什麼事？

我永遠忘不了的是兒子那時就站在溪水中央，當他聽到「爸爸要回醫院」時，時間彷彿剎時停住，笑容僵在他的臉上，像一隻受驚嚇顫抖的小貓，任由溪水拍打着他瘦小的身體，我看到淚水在他雙眼中慢慢的滾動。然後，就像有人突然啟動了開關，他放聲的嚎啕大哭，哭聲驚動了一羣溪旁的水鳥，啪啪啪的飛上了樹梢。女兒見狀跑到哥哥的身邊，兒子在她耳旁輕聲的説了些話，我相信一定是那句可怕的「爸爸要回醫院」，頓時兩兄妹在河水中依偎在一起，抱頭痛哭。青山依舊，流水潺潺，所有的良辰美景，一忽兒的在我眼前崩塌。

盡了力不保證能過河

一路上沒有聲音，沉默是有毒的藤無止境的蔓延，老婆小孩都睡着了，沿途盡是孤獨和荒涼。一直到檳城後我再次拋妻離子直奔醫院。突然切換的場景叫我一時無法適應，病人已無意識的躺在牀上，昏迷指數降到八分，瞳孔開始放大，腦部電腦斷層顯示出原本切除腦瘤的地方再次出血，我覺得喉嚨很乾，想吐。我通知手術室，必須趕緊把血塊拿掉。家屬在加護病房外等候着，他們都是善良的人，焦慮的聽着我的解釋，我簡單扼要的説明病人的情況以及手術的必要和風險。就在病人被推進手術室之前，我拍拍病人丈夫的肩膀説：「放心，我會盡力。」

術後，病人瞳孔稍稍變小，對光也有反射，可是卻沒有醒來，我的心沉得像灌了鉛。儘管中午到現在都沒吃，卻沒有絲毫的飢餓感，而想吐的感覺卻愈發的明顯，我擔心病人再也醒不過來。家屬們圍在病人的牀邊，有時會向我望來，迫切的眼神好比探照燈，我成了一個光圈中的小丑。手術前保證「我會盡力」的聲音，此時在我腦海中歇斯底里的吼叫。

到了深夜，病人瞳孔再次放大，再一次的電腦斷層掃描顯示剛清除完血塊的地方又再出血，而且比手術前的更大，病人昏迷指數掉到三分。夜半加護病房外的迴廊格外的安靜，我可以感覺到自己不安的心跳，一羣家屬圍着我，我是那一個該打靶的紅心。我說：「病人也許回不來了。」是上帝借了我的口宣判病人死刑還是我自己在扮演上帝？病人的女兒抱着父親放聲大哭，哭聲在幽黑的走廊裏不斷的回蕩，聲聲斷腸。而我，一個醫生，不過是一個棒棒糖掉在地上的小孩，無能為力。

三天後病人去世，享年四十三歲。

我非常的沮喪失落，經常想到一個沒有太太的丈夫和沒有了媽媽的女兒，連做夢都夢到替病人緊急開刀。看到孩子時虧欠，面對病人時自責。聽了女兒在車上說的那番話，我很想和她說：「爸爸也希望自己不是醫生。」

直到有一個晚上，我替一個從高處墜落的八歲小朋友動完手術回家，已經是凌晨三點，身心疲憊不堪，一整天沒有看到妻子和小孩，再想到手術完那個小朋友不知道會不會醒，我全身的力量彷彿被抽盡。太太在玄關給我留了一盞燈，我打開鐵門，昏暗的燈光下，地板上留了一張字條，是兒子的字跡，寫着：「爸爸，我希望你已經回到家。就像你知道的，我已經睡着了。我希望你的手術順利。」握着他的留言，眼淚突然奪眶而出，我跪在地上，蜷縮在門邊啜泣。

我是醫生，我想背着每一個病人過河，日子久了我明白，不是每一個病人都過得了河。

兒子從小的志願就是開垃圾車，有一天他和我說他長大後也要當神經外科醫師。我很想知道他為什麼突然有如此大的轉變？

他臉上一副認真的表情說：「上一次我和你走在醫院時，每個經過看到你的人都叫你 Boss。」

爸爸，你要早點回來哦！

洗澡到一半急診室打電話來，並且從 WhatsApp 寄來幾張電腦斷層的照片。我趕緊把頭上的泡泡沖掉，換上衣服。

兒子慣例的問：「回醫院嗎？」

「是的。」我說。

「要去開刀嗎？」女兒問。我點點頭。

「不開不行嗎？」兒子開始焦慮。

我摸摸他的頭說：「不開病人會死的。」

他好像明白我要說什麼，在我離開前拉了妹妹的手在門口說：「爸爸你要早點回來哦。」

一千塊

來到急診室，一個壯碩的男人躺在病牀上，嘴巴插着管子，眼神呆滯的望着天花板，昏迷指數七分，右側瞳孔開始放大。電腦斷層掃描顯示右側顳葉 - 枕葉骨折合併大量的硬腦膜外出血（Epidural hemorrhage），左側額葉 - 顳葉對沖的硬腦膜下出血（Countercoup subdural hemorrhage）。

叫家屬，沒有家屬。他是個緬甸勞工，工作時不小心從二樓摔下。他的老闆和三位看起來也是緬甸的勞工，像個做錯事的小孩站在我面前。

我説明他的病情，強調要手術。

「不開不行嗎？」老闆神情恍惚的説，問着和我兒子同樣的問題。

「不開他會死的。」通常解釋這種病情不必拐彎抹角，我不想把太多時間拖在急診，早一分鐘把腦袋打開病人就多一分活着的希望。

老闆望望他幾位員工，嚥了口口水説：「手術費會貴嗎？」

我告訴他大概的醫療費，頓時，他沮喪、悲愴、失落、無助、絕望全寫在臉上，此時此刻的他完全符合一個踏入更年期的老男人所擁有的特徵。

老闆看看我，我回瞪他，嚴肅的表情明白的表示我沒和他開玩笑。

老闆再看看他的員工，良久良久才開口說：「你們有沒有錢？」

員工的嘴巴張得比黑鍋子還要大。到底誰是老闆已經分不清楚，但是他們終於弄清楚原來不是每個老闆都是比爾·蓋茨。

「醫生，」老闆開口了，「你看過幾天才開行不行？」

我很想和他說，老闆你以為這是生意可以討價還價？

我說：「不行，再拖一分鐘都不行。」我開始有點急了，注意到病人四肢連一開始的蠕動都消失了。

「可是我們現在真的沒錢……」我覺得這個老闆還不錯，至少沒有一走了之，他眼角泛着淚光說：「你看，我寫支票行嗎？」

沒錢，寫支票，這不是芭樂票嗎？

「我不知道，」我說，「我不管錢的事，如果他是馬來西亞國民我不會煩惱這個，但他是外國人，手術前沒有保證金是進不了手術室的。」

老闆更年期的症狀更加惡化了，又像得了老年巴金森症般雙手開始抖了起來。

「你現在有多少錢？」我問。

「能夠領出來的最多一千塊。」老闆說完慚愧得紅了臉。一千塊，別說住院，連付急診的費用都不夠。

三個緬甸勞工眼看快要在我面前跪下。

「辦入院一定要保證金的，這是醫院規定，」我看着老闆的眼睛說，「可是醫院沒有規定保證金要先付多少，你不是有一千塊嗎？還不快給他辦入院。」

「可是根本不夠付手術費啊？」

「辦完入院手續就可以開刀了，」我真的很擔心他把心一橫就將病人揹回家，「我不是說了我不管錢的事，我只負責開刀。」

「可是以後錢付不出來怎麼辦？」

我真想罵他豬頭，這麼的老老實實，難怪這個老闆戶頭只剩一千塊。他三個工人好像明白了我的意思，趕緊架着老闆給病人辦住院。

很可能到最後這又是一筆呆賬了，反正我醫院的呆賬多得是，不欠這一筆。

千金字條

我花了六個小時，開完右邊再翻過來開左邊，或許到頭來只是一場白工，我一毛錢也領不到。

手術後病人在加護病房慢慢的醒過來了，也拔了管。

一個二十四歲的小伙子，千里迢迢來到異鄉工作，相信他的父母正等着他回家，也許他的孩子也正殷切的等着他，就像我兩個小孩站在門邊說的：「爸爸你要早點回來哦。」

手術回到家已經凌晨一點，晚餐還沒吃，老婆煮的飯正等着我。

打開門，地上躺着兩張字條，兒子和女兒暖心的留言，是他們給我回家的問候。

我想，這兩張字條已經值回手術費了。

女兒說長大後要當老師。

我就問：「你覺得醫生和老師，哪一個比較厲害。」

女兒說：「當然是老師啊。」

我說：「為什麼呢？」

女兒說：「因為醫生也是老師教出來的啊。」

三叉神經痛

打從我當外科醫師算起，可說開刀無數，大部分病人都記不住，能忘的都忘了。還記得住的病人都是曾經發生過一些事，通常是我做的壞事，有些事直到現在我仍無法原諒自己，它會在午夜夢迴中出現，每一念及都是錐心之痛。

這是一位六十五歲的病人，我媽的好朋友，住在我家正對面的鄰居。因為右側臉三叉神經痛，只要躺平彷彿就有一根燒紅的鐵棒炙灼她的臉、或一根鉤子在挑她牙根，這種痛徹心扉的痛來自於靈魂的最深處，是不眠不休的凌遲。已折騰了八年，八年來她只能坐着睡覺。

如分娩般的古老劇痛

三叉神經是十二對顱內神經的其中一對。從橋腦發出，沿着顱底走，之後再分叉成三組神經束，穿出顏面，負責我們臉頰、牙齒和頭皮前面三分之一的感覺。因為年長退化，神經外的鞘膜變薄或不見，萬一剛好血管擠壓在神經上，就會造成三叉神經痛。這種痛是一種陣痛，疼痛簡直可以和分娩痛相比擬。日復一日年復一年，無日無夜的折磨，無法吃東西，連刷牙洗臉都不敢，直到蓋棺論定那一天。有些人把牙齒拔光了還是痛，有些人從此得了憂鬱症，有些人乾脆從頂樓跳下來。二十世紀初，醫學還很陽春，手術開始萌芽，那時的神經外科醫師會將病人的頭顱打開，找出三叉神經，用一根叉子插着，順時鐘一轉，就像叉着義大利麵一樣，然後用力拔出來…… 說實在，如果換了是我，我寧可選擇從頂樓跳下來。

我只相信你

「我決定動手術。」那一天她走過來和我說，「我只相信你。」

於是我接下了這個差使，也觸動了一個神經外科醫師的夢魘。

手術前我把過程和可能的風險訴說了一遍。我要把她的後顱窩打開，輕輕勾開小腦，找出三叉神經，位置正好在腦幹旁，在聽神經和顏面神經的下方，接下來要用一塊小棉墊把纏繞壓迫在神經上的血管隔開。我不敢想像萬一血管破了或是大出血會怎樣，我說：「我會很小心。」記得手術那一天她在準備室躺着，故作鎮定的臉龐掩蓋住了惶恐，她相信我，我也相信自己會完成這個手術。

五個小時後手術結束，很慶幸我沒做什麼壞事，回家前我去加護病房看她，她微笑向我點頭說臉不痛了。我打電話向我媽報平安。

還沒醒來嗎？

三天後的早上，正準備讓她出院，我發現她變得很嗜睡，說話口齒不清。我排了電腦斷層，結果發現是上顱窩、枕葉處的硬腦膜外出血，我的心涼了一截，不知道做錯了什麼，心情就像一個無緣無故被叫去訓導處遭責罵的學生，問題一定在我，也許是我在手術時不小心把橫竇（Transverse Sinus）勾破了？

我把問題對她兒子丈夫說了。「必須要再做手術。」我說。這時她已意識不清卻緊緊抓住我的手，像溺水瀕危的人抓住草繩不放。

「醫生，去做吧，我相信你。」她兒子說。

我進行第二次手術，把血塊清除，當中沒發現出血的源頭，為了安全我還是緊緊的把橫竇提起來免得再出問題。我相信手術是順利的，術後拔管，病人也在加護病房裏醒來。同樣的我打電話給我媽報平安，這一次被我媽罵到臭頭。

雨後未見彩虹

又是三天後，我以為雨過必定有彩虹，兩次手術夠了，感覺我已經準備好香檳響炮歡送她回家；然而萬事都會出現那個 but，她再次表示頭痛、視力模糊，眼皮又不自主的閉起來。

七月已過鬼門不是早就關了嗎？我不信邪，再排了一次電腦斷層，結果出來，我的心被重重一擊，像拳擊手倒下的那一刻，我的信心徹底粉碎。

和第二次手術不同，這一次是腦內出血，血塊之大已延伸到中央的腦室，右大腦被擠壓到左側，合併急性水腦。

我記不起是怎樣向家屬解釋的，只記得她先生愣愣的問：「又要再開一次嗎？」那個絕望的眼神我一輩子也忘不了。

同一個麻醉科醫師，他說：「第三次了，這叫 The curse of VIP。」他詭異的笑笑，「Rule number one，永遠不要替熟人動手術，因為你能想像和無法想像的狗屁事都會發生。」我已經沒有心情和他哈啦，眼前是一個我無法失去的生命。

手術到一半我歎了一口氣，跟刀護士說：「陳醫師，這是你今天第一百次歎氣了。」我又唉了一聲說：「如果可以早知道，我願意用任何事去交換，包括拿你去獻祭。」她問：「陳醫師，你是基督徒嗎？」我說還不是，但每個週日會去教會，平日做的壞事太多，總要懺悔。

「陳醫師，你可以禱告啊。」她說完，我怔怔的看着她，不管你相不相信，我彷彿看到了天使，有個訊息從天而降，經過她的嘴巴放到我心裏。我放下手上的器械說：「來，我們一起為病人禱告！」

術後病人還沒醒，我在加護病房向家屬解釋，她兒子紅了眼眶，她先生哭了，我到底做了什麼讓一個一輩子堅毅的老先生哭成個淚人？我想說些什麼，像她是一個善良的人，她真的很努力，她從來都沒有放棄，但無論我怎麼說，都像在說訃聞。

她兒子過來拍拍我肩膀說：「別難過醫生，哪有人會想到發生這種事，你已經很盡力，我想如果發生在別的醫院，我母親已經走了。」我開始相信平行宇宙的存在，一個極需安慰的人反而去安慰一個始作俑者。

我打電話給媽，這一次她沒有罵我，而是電話那一頭無止盡的沉默。

晚上我做了一個夢，夢到隻身一人從家裏走到對面去弔唁，然後大汗淋漓的驚醒過來。

你會相信我嗎？

是病人的努力，是上帝垂聽禱告，第三天病人醒了。除了視力缺損沒有太大的後遺症。我思量、檢討，盼望同樣的事不再發生。

病人終於出院了，她握住我的手，溫暖的，我問她如果還可以選擇會再開嗎？ 她拍拍我的手說：「我相信你。」

我也在問自己，如果可以選擇還會替熟人開刀嗎？結論是我會的，只要病人相信我。而我也相信，只要克服了壓力和困難我可以更進步、更成長。

2003 年 5 月 14 日 台北

下午七點，我回到值班室，脫下戴了一整天的 N95，平時這個狹窄霉溼的小空間，此刻的空氣聞起來卻格外的甘甜。我吃下今天的第一口飯，便當是冷的，味道早已隨溫度而去，但我需要碳水化合物燃燒的熱量。

手機響起，是室友打來的，我們聊了幾句，放下電話後，我感覺整個房間在旋轉。室友是急診室醫師，他剛剛住進了負壓隔離病房，因為 SARS 檢驗陽性，他說有必要通知我並囑咐我小心。

我放下手中的便當，重新戴上 N95。如今，我是一個潛在的 SARS 患者。

我把晚上的班值完，第二天一大早通報了主任，規定是我要居家隔離十四天。風聲傳得很快，每個人都知道我有接觸史，當我離開醫院經過手術室的櫃台時，大家看到我就像看到鬼一樣閃躲，有人甚至喊說不要再靠近，明明我和他還有兩米半的距離。前一天還勾肩搭背，下一秒就形同陌路，造成人與人關係完全崩解的，不是我血液裏可能流竄的病毒，而是空氣中瀰漫的恐懼。

無形的標籤已貼在我的額頭上，我安靜的離開。突然急驟的腳步聲從我後面傳來，一個老護士戴着口罩護目鏡站在我前面，喘吁吁的說：「這裏有些消毒液和口罩，回去後記得把家裏都拭擦一遍，小心哦！」她匆匆離開前把一包東西塞進我懷裏。她的義舉就好比清明時節燒紙錢，打從心裏我感激她，我這個孤魂野鬼突然好想哭。

醫院門口坐的、站的、依在牆壁上的，擠了一大堆的記者。前幾天和平醫院封院，一位染 SARS 的年輕住院醫師轉到我們醫院來，目前正在加護病房和死神拔河，我腦袋閃過呼吸器費力把氧氣擠到他肺裏的聲音。記者守在醫院，眼神憔悴渙散，他們貪婪的期盼死亡，他們知道有些死亡需要儀式、重新加註和定義，以便給這個已經悲傷欲絕的社會再重重一擊。

滿滿兀鷹在天空盤旋，只要一聲令下，牠們就會俯衝而下。

2020 年 3 月 19 日 檳城

今天是馬來西亞行動限制的第二天。十七年後，冠狀病毒換了一個叫 Covid 19 的名字，再次攻城掠地。

精神上人和人再次的疏離，法定上也規定人和人必須要疏離，恐懼再次佔據了大街小巷，昨天大賣場的食物已被清掃一空，這一點我是可以理解的。叫我不明白的是為什麼連衞生紙都買不到，這個只要打開水龍頭就可以解決的事，非得要搶到一卷都不剩嗎？

恐懼讓人失去理智，沒了理智就是荒謬。

人生再荒謬我還是要上班。一路上車輛不多，稀稀疏疏顯得荒涼，像極了殭屍電影裏頭的情節。我停在一間常去的茶餐廳買早餐，餐桌和椅子已經擺到一旁，食物只能外帶；老闆娘六十來歲，瘦瘦的背有點駝，她說從明天開始要關十四天。我說兩個星期吃不到她的雲吞麪，叫我的日子怎麼過下去，謊話說得好用心，她聽了好開心，咯咯的笑得合不攏嘴，走時她大聲的說：「你是醫生，自己要小心哦！」我頓時想到十七年前送我消毒水的護士，心裏暖暖的，雖然我和她始終保持一公尺的距離，卻能感覺到她滿滿的溫度。

回到診間，發現桌上擱了一個保溫瓶，旁邊放了一張小字條，寫着：「陳醫師，這是用蜂蜜、冬瓜、羅漢果煮的涼水，潤喉潤肺，抗病毒，祝你身體健康。病人 xx 敬上。」話說病毒怕熱，所以北半球的疫情比熱帶地區的猖獗，也許溫度真的可以驅趕病毒，卻無法驅散心坎裏的嚴寒和恐慌。許許多多的醫學報告，共衞學者的耳提面命，保持距離，勤洗手，戴口罩，這是重要的我們要聽。但是如果政策少了人性裏頭那盞小小的燈光，一切的真理都將變得黑暗。

疫情當頭每個人都會張惶失措，因為疏離我們都會氣餒彷徨，但我們一定要相信，一公尺外，有一羣人仍然看顧着我，默默的關心，彼此溫暖。

2003 年 5 月 15 日 台北

這是自我隔離的第一天。

那位年輕的住院醫師去世了，是第一位因 SARS 去世的醫療人員，享年二十七歲，當我看完新聞時，發現我的視線糊了，滿滿的一臉淚水。

前線開始失守，一位醫生的去世又格外讓人悲慟，因為死去的是曾經守護我們的人。

我想到室友，不知道他如今怎樣了？手機聯絡不上，莫名的孤寂襲來，我想到馬來西亞的家人，始終不敢打電話回去怕他們擔心。整個家蒼白而空洞，我過去把室友的房門關上，一陣苦澀湧上心頭，全世界的門在這一刻彷彿也一併關上了。

聽從勸告，我用消毒水把家裏拭擦一遍，接近中午時下起了雨，我肚子餓了，廚房裏還有一些鮪魚罐頭和泡麵，但絕對撐不了兩個星期。正當我猶豫要不要打電話求救時，門鈴響了，門外站着一個戴着眼罩口罩穿着隔離衣的男人，他走進來，在我的電話旁加裝了一個視訊熒幕，他說防治中心的人隨時會打電話來，到時我必須站在熒幕前。對了就像小學生的突擊檢查，如果 3 分鐘內我沒接電話，警察就會過來。

我點頭說明白，聽話得像個囚犯。

他走時從背包裏掏出一個便當說：「以後三餐我們會送來。」他在苦難和飢餓中救了我，離開時猶如那隻高傲的蝙蝠俠。

我打開便當，排骨飯，而且還是溫的。

2020 年 3 月 20 日 檳城

又有大型宗教集會，萬人羣聚祈求上蒼賜下平安，正如滿清末年白蓮教信誓旦旦的說自己刀槍不入神功護體。我相信宗教的仁慈，祂救苦救難，但不救笨蛋。

路上更加的蕭條，失去工作和收入的人們躲在家裏，一個小小的病毒把我們逼得走投無路。現在我終於明白，大衞之所以打敗哥利亞並不是他的渺小，而是他的一心一意，尤如病毒心無旁騖的複製和繁殖，一心一意的要摧毀我們。

生活從來就不是容易的事，尤其在這個斷炊時刻，一張水電單就足以把人逼瘋。

送外賣的小伙子不斷在路上奔馳，印度老兄揮汗如雨的炒着麵，失去工作的人挨着收音機聽着哀怨的粵曲。田螺含水過冬，再苦還是要過，生命是卑微的小草，不斷的掙扎向上，即使在這個最黑暗的時刻，隙縫中還是會有最孱弱的陽光。

有個病人看完診後說：「醫生，可以收便宜點嗎？」我很想和他說醫生家裏也有幾個嗷嗷待哺的小孩，一天到晚在哭餓，但最後我還是刪了他的診察費。在這個非常時刻，我們都得攜手渡過難關，這是除了科學外我們對抗病毒最犀利的武器，相互扶持正是人類文明得以延續的關鍵。

2003 年 5 月 28 日 台北

明天我將刑滿出獄。

在吃飽吃滿十三天的排骨便當後，蝙蝠俠送來了最後也是唯一一餐的雞腿便當。你無法想像天天排骨便當的淩遲，我感激流涕，如果可以，我一定抱着他親吻。

他走了，完全符合蝙蝠俠的來無影去無蹤，突然開始想念他。

打開室友的門，掀開窗簾，一陣微風吹來，很久沒有這麼舒暢。他已經離開加護病房，在痊癒當中，不久即將歸來，到時我一定狠狠揍他一頓，再一起喝個稀巴爛醉。

窗外，台北的夜空依然星光燦爛，疫情還沒結束，明天我將要回到戰場，只要懷着盼望就有希望。冬去春來，最深沉的黑夜過去，就會迎來曙光。

2020 年 3 月 21 日 檳城

一覺醒來，陽光普照。

疫情仍在肆虐，十七年後當我們回顧今天，相信歷史會教導我們謙卑和勇敢。

此時此刻，就在我們逐漸走進永恆的幽蔭前，但願我們都能成為彼此的太陽。

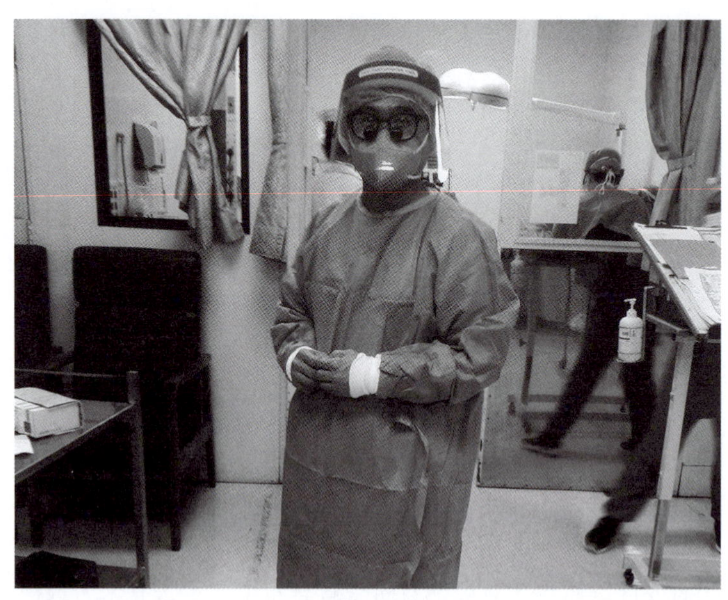

我不是第一線處理 Covid 19 的醫療人員，身為一個外科醫師，深知手術刀無法消滅病毒，因此即使冠狀病毒已經兵臨城下，很多時候仍事不關己，大部分時間都裝懵的躲在手術室裏。

正值 Covid 19 疫情的高峰，加護病房李醫師拜託我替一位染疫的病人做氣管切開手術（Tracheostomy）。因為呼吸器不足，在病人的頸部開個洞，期待病人儘快脫離呼吸器，以便空出來的機器可以用在更多的病人身上。

一開始我很猶豫，來自深層的聲音問：「為什麼是我？」因為在切開氣管的同時，無疑讓自己直接暴露在滿是病毒的氣溶膠（Aerosol）中，腦中頓時閃過家人的身影，他們連第一劑的疫苗都還沒接種。

然而，與此同時，另一個聲音卻鏗鏘有力的說：「為什麼不是我？我有醫學知識，我已接種了第一劑疫苗，我有醫院提供的完善裝備，最重要的，我是一個醫生。」

面對病毒我們無法孤軍奮戰，但是若我們能夠同心協力，這場戰我們一定會贏。

七月來了

手術結束後已接近深夜，Mamak 檔[(1)] 一個小時前就收攤了，可是肚子已餓得哇哇叫，我開了車在午夜的城市中胡亂的逛，期盼有哪家餐廳還沒打烊。車子在寂靜的街道上穿梭，冷氣壓縮機嗚嗚的叫着，規律得似乎有一種催眠的作用。行過一座花園，只見有一人家在路邊點了蠟燭燒着冥紙，一個媽媽帶着兩個小孩舉起香在拜，我突然意識到，農曆七月到了。

雖然醫院不是香燭店，但七月對醫生來說卻有着非凡的意義。宛如安裝了電源開關般確實，七月一到，啪一聲電掣往下扳，病人量立馬斷崖式的往下掉。我們忙碌的生活將短暫的獲得半個月的清靜，七月是我們修身養息之月。另一層意義就是，鬼門一開，各種怪力亂神的靈異故事也紛至沓來。

鬼月說鬼

對於醫院這個生死交關的場所，鬼從來就不缺乏。自古以來由於人類對死亡的不解和恐懼，鬼成了填補這一片茫然的載體。科學的理性叫我們對鬼怪嗤之以鼻，然而人類右腦那一片荒蕪又野性的感性區域，卻永遠給好兄弟們留下位子。因此，我們忌諱鬼、怕撞鬼，心裏另一頭卻總是愛談鬼、躍躍欲試的想見鬼。

所謂的外科醫生，就是一羣在地獄門口不斷拔河的人。拔贏了，慶幸向閻王要回一條命，輸了也只能認命。然而這沒日沒夜、你來我往的拔，突然某一天從裏頭拔出個什麼來，也不是件什麼稀奇的事了，言下之意就是，「撞鬼」是外科醫師的必然。

記得某一個七月的晚上，因為車鑰匙留在手術室，我只好折回去拿，要進手術室，得要經過一道加護病房邊長長的迴廊，如果說醫院本質上是個陰地，那醫院裏的加護病房就是極陰之地了。醫院為了省電，十一點一過，這足足五十米長的迴廊就只剩中間一盞要死不活的日光燈，光線是慘淡的昏黑。就在我走出電梯，以九十度角急轉彎拐入迴廊時，剎時看到，就在空盪盪的迴廊盡頭，直凜凜的站了一個女人，長髮披肩，從頭到腳一襲紅彤彤的長衣長褲，視覺效果實在太過強烈，我身上的每根汗毛都宛如聽到國歌般全然豎立。更絕的是，她（它）竟然還向我揮手，我腦袋頓時一片空白，彷彿雷電劈到頭上的避雷針，全身酥軟，如廁是唯一剩下的感覺。她（它）飄也似的迎向我，這時我的體感溫度已降到零，嘴巴呼出的氣都凝成了霧，雙腿除了抖之外做不出別的動作。直到她（它）臨近我的眼前，幽幽的在我耳邊說：「陳醫生，你好。」

全世界的醫院和學校一樣，都有一個「七大不可思議怪談」，而我們醫院最不可思議的就是，加護病房護士的制服竟然是紅色的，而且是大紅燈籠高高掛那種極盡鮮艷的紅，到底醫院居心何在，這不是擺明晚上用來嚇唬醫生的嗎？自從那天被嚇到「挫塞」之後，我就向醫院管理層建議是否可以把紅色換掉，如果一定非紅色不可，可不可換成粉紅？

特別視覺

與其說人類怕鬼，倒不如說鬼是人類對生命的眷戀，是死後生命的一種延續，帶着前世依附的感情，在另一個世界裏繼續活下去。所以說，早在漫威宇宙創造平行世界之前，平行世界在人類擁有思維之後就已經存在。《列子．天瑞》曰：「鬼者，歸也。」古人把死人稱作歸人，認為萬物都是從道中出來的，人死後歸於本源，回到道中，不生亦不滅，只是後世誤傳，將「歸」傳成了「鬼」。

如果要講醫院鬼故事，三天三夜講不完。就像每間學校都有一個書呆子一樣，每一間醫院都有一個「開了天眼」見到鬼的人，我醫院手術室的護士裏就有一個。在一個開急診刀的半夜，我正在準備室刷手，水龍頭開着水聲嘩啦啦的響，不久這位護士也走進來，她一邊刷一邊瞪着我，我問她：「你看着我幹嘛？」她說：「我沒看你，我只看着你後面那個。」接下來整台手術，我都命令她眼睛只准盯着傷口，萬萬不能抬頭。

什麼時候最常看到鬼？臨終之前。許多彌留之際的病人都會說誰來了，這個誰通常是病人死去的家人或朋友，陪伴的家屬通常都會嚇得半死，拚命的按鈴呼叫護士，彷彿護士會打針之外也會趕鬼。其實這是很常見的一種譫妄，在缺氧下，腦部海馬迴的情節記憶與顳葉和頂葉的語音記憶相互交雜，提取出來的記憶混亂不堪，然後再把它投射到枕葉（腦部的視覺中樞）的一種錯覺。

我有一個病人因為傷口感染住院，細菌培養結果是MRSA，是一種極度抗藥性的金黃色葡萄球菌，按照醫院規定，病人要收治在隔離病房打抗生素。病人住院的第二天我去看他，他很驚恐的問我說能不能今天就出院，我說不行，抗生素至少要打滿七天。第二天我再去看他，他用帶着血絲的熊貓眼看着我說：「你一定要讓我出院，要不然就給我轉到別的病房。」我堅持不讓他出院，而且這是僅存的一間隔離病房。第三天晚上護士打電話給我說，病人拒絕回病房，他寧可站在外面渡過漫漫長夜。

我回去醫院，問了很久，他才欲言又止的說：「這間病房有鬼。」我說你想太多了，他說：「是個小孩，睡到一半時會拉我的腳。」我說也許是你的腳抽筋，他說：「昨天半夜，我醒來睜開眼睛一看，它就站在我牀邊。」我頓時聯想到清水崇的《咒怨》，我打開手機搜尋那個藍色的小男孩問他是不是長成這樣，他很生氣的說：「如果你不相信，我付你錢讓你這裏住一晚看看。」離開前，護士和我說：「他不是第一個，前面好幾個病人都異口同聲的說，這間病房裏住着一個小男孩。」我寧可信其有，第二天，便想盡辦法替他轉到另一間隔離病房。

醫院的鬼故事多得可以寫成一本《一千零一夜》，但都有一個共同點，裏面的鬼只管嚇人，從沒聽過害人，而且所謂的嚇人都是自己嚇自己，鬼只是過門穿場的無心之過。

其實很多時候人比鬼還要可怕，《聖經．耶利米書》17章就說：「人心比萬物都詭詐，壞到極處，誰能識透呢？」人生在世，人防人的次數遠比人防鬼的還多，想到這，鬼也就沒那麼可怕了。或許，上一次手術站在我後面的那一位，只不過要一睹我手術的英姿和風采？有機會我一定要向那位眼睛可見鬼的護士問個清楚。

(1) 印裔穆斯林被稱為 Mamak，Mamak 檔是指印裔穆斯林經營的飲食檔，通常開在整排店舖的一角，其特點是價錢實惠、全年無休、有些還二十四小時營業。

看病還是問卦？

總覺得看醫生就像去拜拜，醫院和廟宇說穿了真的沒什麼兩樣，同樣都是為百姓消災解難。普遍上去看病的人都抱着兩種心態：首先是大醫院，最好蓋得像紫禁城般君臨天下，光是一進大廳即震撼於大理石地板、羅馬拱柱、水晶吊燈，病還沒看就好了一半；要不就是名醫遍佈，個個都是再世華陀，輕輕一吹、溫柔一摸立馬起死回生。換句話說，廟就是要夠大，一入佛門即飛閣流丹、金碧輝煌、雕欄玉砌，大雄寶殿坐擁整個山頭，最好得攀爬 273 [(1)] 級天梯方能到達，經此苦難必得造化，如此方能信眾雲集、常保香火鼎盛。廟小的也不必妄自菲薄，有句話說，山不必高，有仙則靈，即使裏頭供奉的只是一粒石頭，若能有求必應、保你大富大貴，善男信女也必趨之若鶩。

與道士鬥法

拜廟或拜神，在這個資本主義的社會，任君選擇，悉隨尊便。然而，當醫生的也就沒這個權力，走進來的都是病人，道士定當斬妖除魔，醫師就得懸壺濟世。今日來了個五十歲左右的病人，我覺得他大概是走錯了門才來到我這裏，進門劈頭就一句：「醫生，你覺得我還能活多久？」我一時搞不懂他到底是來看病還是問卦？我問：「何出此言？」他把椅子拉過去，一屁股坐下，掀開頭上的帽子說：「醫生，你看。」他額頭正中央長了一顆瘤，尖尖鼓鼓的，底部足有三公分寬，高高隆起約四公分，像個圓錐，乍看就像《西遊記》裏的金角大王。整粒瘤呈橘紅色，彷彿裏面點了盞紅色的 LED，頂端的表皮被撐得薄薄，貌似一座蓄勢待發的火山。

「火居道人說的，我命該絕，活不過十五。」我看看桌上的日曆，掐指算算，離初十五還有五天。我說：「火居道人？」那男人瞪着我，眼神混濁彷彿裝滿了絕望，「我家附近的岩壁邊有座道觀，裏面的住持就是火居道人。」他不斷搔着頭上稀疏的白髮，戒慎恐懼的說：「道人說我命格屬水，然而今年卻犯了火，頭上這顆就是燒得正旺的火種，一旦破裂，就是我歸西之時。」我看着他頭上這粒紅紅的東西，忍不住想到咸蛋超人命危時胸膛上不停閃爍的紅色燈泡。「我沒聽說過這位火居道人，可是，他說的話你就信？」男人張大了口，一臉厭惡，宛如我剛剛說了什麼大逆不道的話，「有些事不叫你不信，我們這位道人可是位高人，方圓百里內無人不曉，他為人卜卦斷命從沒錯過，就像上一次，他斷言村門口住的阿富過不了中秋，前幾日他果真掛了，採蓮蓬時淹死在礦湖裏。」

「我的建議是，做個手術，把頭上這東西割掉。」其實不過是一粒頭皮腫瘤，局部手術半個小時內就可以解決的事，然而男人卻崩潰似的嚷着：「割掉？不行！絕對不行！道人說要是這東西見了紅，一切都無法挽回。」我說：「不過是十幾 cc 的血，不會要了你的命。」男人嚷得更高吭了：「你不明白，不是流多流少的問題，是不能見紅！」我有點生氣了：「要不然你想怎樣？」男人泄了氣似的說：「道人給了我三道符，每天一道，燒後沖水喝，他說吃完就沒事，可是我已經吃了兩帖，這東西卻愈來愈大，所以只好找你商量。」我瞪着他脖子上掛着的那道符，被褶成三角形，晃呀晃的，好像在向我炫耀。「我不是告訴你說要割掉嗎？」男人氣急敗壞，捉着頭說：「不能割！」

我快抓狂了，外面等看診的病人坐得滿滿，我竟然還有空和這個瘋子瞎扯，要割、不割的一直鬼打牆。「我的建議就是手術，如果你覺得行不通，可以找別的醫生。」男人聽後一臉鄙視的說：「你們醫生就是這樣，不行就叫病人轉院。」這回我可是炸了，醫生和所有男人一樣，最忌諱就是聽到那句「不行」，我着了魔似的全身發熱，彷彿看到男人背後的火居道人正盤着腿，已經架起了壇準備和我鬥法。「是你不願意接受手術。」我說，男人聽後身子往後縮了一下，大概是我眼神煞到他。「難道你想違抗火居道人的話？」他邊說邊伸長脖子，睥睨地看着我。這傢伙大概是中邪了，他背後揮之不去的火居道人正舉着桃木劍念念有詞，如此強大的後台，是我瘋了才想着要說服他。「你說的都是迷信，醫學講求的是科學。」看你桃木劍厲害還是我的手槍？「凡科學解釋不了的你們都說是迷信。」男人說起話來竟振振有詞，火居道人果真是法力無邊，我在節節敗退。「你到底要怎樣才能相信我？」我雙目凜凜的瞪着他，他竟然回視我說：「那你要怎樣才能相信我？」我感覺火居道人一掌精準的擊在我的胸前，心頭一悶，氣得快要吐出血來。

經過一番糾纏，彼此都精疲力盡，最後我放棄，病人也放棄，道不同不相為謀。看着病人沮喪的離開診間，我很想把他叫住，至少要開些抗生素，免得腫瘤破裂後發炎，可是想到他脖子上掛着的那道符也就作罷。既然有了仙丹，我這個凡夫俗子的藥，他大概也看不上了。

不由人

關於迷信，我也不全然是厭惡。曾經有一個病人，腦瘤術後再次出血，最終搶救不及去世，我內心是滿滿的愧歉，想着該當如何向家屬解釋；心中擬定了好幾套説詞，只盼不觸及家屬的悲痛，更希望獲得他們的諒解。我戰戰兢兢、忐忑不安，尤其當家屬坐在我面前時，已經面如死灰。然而，正當準備懺悔，家屬卻搶着説：「陳醫師，其實一切都是由天不由人，天註定的，當初算命先生就警告我們要過完七月才手術，都怪我們兄弟心急，硬是要這個月開，所以明明手術後都好好的，最終還是過不了這一關，錯的都是我們。」

聽完，我嘴巴張得大大，千言萬語都及不上他的最後一句，這時有位家屬就問：「對了，陳醫師，你找我們來不知道有什麼事？」我吞了口口水，扶了扶眼鏡説：「哦……我……我只是希望你們不要太難過……」

跨界轉介信

金角大王走後，緊接着進來一個馬來青年，頭上罩着一個大麻包袋，他歪了頭看着我説：「Bomoh 叫我來的。」我眉頭一皺，不解的説：「Bomoh？」他把頭上的麻包袋解下，我下巴整個掉了下來，他頭上長的那粒瘤，比西瓜還要大，難怪他整顆頭都被壓歪。他說:「已經治療一年了，都沒效，Bomoh 說他也無能為力，於是就叫我過來，這是他要我轉交給你的信。」事到如今我終於明白他指的 Bomoh 就是馬來人傳統的巫醫，而且我行醫這麼多年，收過各門各科醫師的轉介信，第一次收到巫醫的，驚訝於我的名氣原來已經不局限於人世，早就跨越三界。馬來青年鬼鬼祟祟靠向我說:「Bomoh 要我提醒你，」他指了指頭上一那粒「頭」,「這裏面住着的東西有點『兇』，你處理的時候要格外小心。」

鬥完道士鬥巫師，看診真的好累。

(1) 吉隆坡有一座有名的印度廟宇叫黑風洞，建在石灰岩峭壁內的一個洞穴，從山腳往上到洞口要攀爬 273 級樓梯，遊客眾多，一年到頭香火鼎盛。

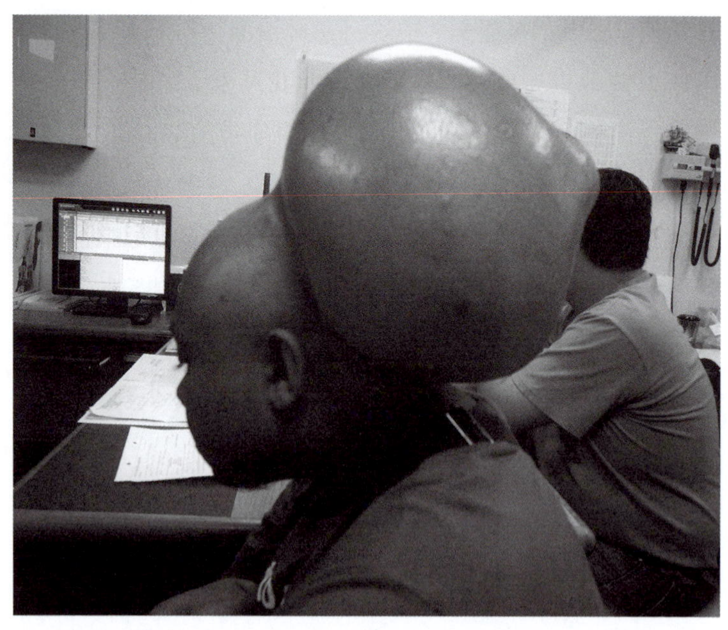

手術花了七個小時，流血一共 7000cc，術中病人收縮壓一度掉到 70mmHg。病人差點離不開開刀房。手術後，我第一次看到麻醉醫師衣襟濕透，流得汗比我還多。

「這裏面住着的東西有點『兇』。」Bomoh 的話還真的要聽一聽。

脫下白袍後

醫院規定醫生每一年都要做一次常規的身體檢查。所謂的常規就是一般的抽血、心電圖和胸部 X- 光，不會太複雜。這種例行性的檢查就好比政府官員例行性巡視溝渠一樣，大雨來了結果還是照樣淹水。

醫生一旦成為病人

我從不把這種檢查當一回事，既然是規定，自然就交差了事。醫生打從心底就有一種錯覺：只有病人會生病。我們習慣把醫生和病人硬生生的劃分在兩個不同的圈圈裏，始終不承認原來兩個圈圈也會出現重疊的交集。七月初，我完成了今年的檢查，心底壓根兒沒把它放在心上，一頭又鑽進了忙碌的臨牀事務中，直到開完最後一台手術，我接到放射科何醫師打來的電話。

「如果有空，能不能過來我辦公室一趟？」一如所有在昏暗不明的小房間打報告的放射科醫師，講起話來也是陰陰森森。我換好衣服走進何醫師的辦公室，他摘下眼鏡，指了指前面的椅子叫我坐下，我說：「怎樣？」他打開電腦，把熒幕轉向我，偌大的肺部 X- 光出現在眼前，我特別注意到右上角處清晰的印着我的名字。

「我發現這裏好像有個東西。」何醫師指着右上肺葉處，一小撮的亮點躲躲藏藏隱匿在肋骨的後方，約一公分左右，不仔細看很難發現。一股寒意從我脊椎竄起，一直往頭上衝，頓時我腦海空白得猶如冰封的西伯利亞荒原。我脫口而出的問：「這是什麼？」然而下一秒殘酷的答案已在我腦袋最理智的區域閃爍：是一顆瘤，也許是惡性的。

我應該如何描述，才能闡明我那個下午的絕望呢？我不知道如何離開放射科的，像路邊隨意被丟棄的塑膠袋，被風揚起漫無目的地飄着。不知不覺走到醫院外，當頭的烈陽照在臉上，帶來的不是暖意，反而是陣陣的冰寒。我想到家人，稚幼的孩子，應承過長相廝守的太太。我閉起眼睛期盼阻斷所有的雜念，卻無法像關掉惱人的手機般簡單，大量的訊息不斷湧進腦海。長期練就的專業不厭其煩的提醒我，肺癌的五年存活率只有區區的 18%，人生跑馬燈一幕幕的閃爍一忽兒的就把我帶到盡頭，我現在才知道，原來醫生不只會生病，而且更貼近死亡。

只是醫院大廳的一位

我決定在事情還沒有一個定論前保守着這個秘密。報喜不報憂，沒必要把不確定的苦惱加諸在親人身上。我給自己畫了一個圈，把失意、憂慮、惶恐、全扔進生活泡泡裏，摘下醫師袍，我成了一隻負傷的困獸。

第二天，我私詢了院內的胸腔內科醫師，他翹着二郎腿咬着筆屁股看着 X- 光片，沉默良久良久。我屈坐在他面前，從一位專科醫生不斷的萎縮再萎縮成了一球病人，我發覺我看他的眼神竟然有一種小狗偷瞄主人的膽怯。他眉也不揚的笑笑，若無其事的說：「是好是壞，做了 PET CT scan（正子電腦斷層掃描）就知道，我等一下寫封介紹信給你。」我心想當醫生怎可以這樣冷漠，原諒我那天忘了帶修養出門，心裏暗地詛咒他：「期待你哪一天腦袋生了一粒瘤來看我。」話是這麼說，當我接下他的介紹信時，奉承得就像接下聖旨，只欠沒有跪下。

我來到指定的某家私人醫院，遞出介紹信，從此正式成了一個病人，編號是 88561。我隔着防彈玻璃般的壓克力帷幕辦住院時，醫生光芒早已消失殆盡，脫下白袍後不過是一介凡人。這裏沒有人認識我，和醫院大廳熙熙攘攘的芸芸眾生一樣，這一秒踏進了醫院，下一秒也不曉得出不出得去。

被送進圓桶裏

不管肺裏頭那一顆東西是不是癌，但生病的無助感早已像癌細胞一樣肆無忌憚的蔓延。我趟在病牀上，旁邊高掛着一排布廉，延着插在手臂上的輸液管，我看到高掛的生理食鹽水一滴一滴的墜落，像生命的沙漏細數着生命的終結。我趕緊把視線移到別處，要不然還沒病死就已經被嚇死，哪知道目光所及盡是蒼白的天花板，上面我看到歲月暈染的泛黃以及靈魂乾枯的水漬，天花板是病人一本看不完的書，也是臨終前穿透渾濁的雙眸投射在視網膜上最後一幕影像。

一位瘦小的馬來護士把我推到了正子電腦斷層掃描室，這是一種偵測打入靜脈的葡萄糖正子（FDG）在體內和器官的分佈，以診斷腫瘤是惡性或是良性的檢查。整個房間是峇里島 —— 監獄的設計，四面銅牆鐵壁，上面是黃澄澄的鎢絲燈，光線昏暗得可以放映電影，空調歇斯底里的開到最大，冷得我直打哆嗦，如果這時轉開音響播送大悲咒就真的太完美了。醫院已經夠恐怖，有必要把這裏弄得像陰曹地府嗎！小護士叫我從牀上下來，我的背部刹時一陣沁涼，不知哪個笨蛋設計的病人袍，套在前面，後面卻是開叉的，露出了光溜溜的屁股，冷得八月十五起滿了疙瘩。我已經顧不得咒罵，胃一陣抽搐想吐。躺上掃描器硬棒棒的牀板上，我被送進了一個圓桶裏，上面有一圈滾輪閃着光不斷轉動，我有一種被送上巴士底獄斷頭台的沮喪，不知道待會被拉出來後頭還在不在？

在圓桶裏面待多久，就是在棺材裏面待了多久，硬板把我拉出來時，我仿佛看到耶穌光，像從鬱悶的子宮穿過產道初次探出頭來的新生兒。忘了放聲大哭，只是驚恐的大口喘氣。我全身虛脱，馬來小護士把我扶到病牀上，輕輕的替我蓋上被，還溫柔的告訴我檢查已經做完，我相信看到了天使，也終於知道天使不分黑白。

宣判

兩個小時後，一個大鬍子的印度醫生來到我房間，我曉得審判已經到來。接下來我就會被推進手術室切掉半個肺，以後別説打球，連上廁所尿尿都會喘；之後開始化療和放射治療，頭髮牙齒和指甲開始剝落，唯一的幸運是我已經有過睡棺材的經驗。

「是良性的。」他説。什麼？我瞪着他，嘴巴張成了一個大窟窿，不相信我中了樂透。「是良性的瘤，但我建議要繼續的追蹤。」我的眼淚不爭氣的湧了出來，注視着醫生性感的嘴唇，顧不得扎人的虬髯，我好想親下去。

離開醫院已是黃昏，我開着車看向遠方，第一次發現夕陽是如此的美麗，空氣的味道是如此的甘甜，我想到小孩和太太，我只想趕快回家給他們一個抱抱。

事情已經過了一年，記得有一次經過病房，我看到一個老伯在牀上不斷的顫抖，他牀頭的名牌標註着他患的是胃癌。我向護士多要一張棉被給他披上，他笑笑和我道謝，我指着他手腕上戴着的號碼說：「不客氣，我曾經也是那個88561。」

收到一張感謝卡，來自一位切除頸部腫瘤的病人。

坦白說這也不是一個大手術，病人卻說：「真的很感謝你，當我知道頸部長了一顆瘤又非得要動手術時，真的慌得不知所措，往前再怎麼看都找不到希望。手術前我躺在擔架上瑟瑟發抖，眼前的一切都變得支離破碎宛如世界末日。我記得當下是你握住我的手，安慰說一切都會安好，我永遠忘不了從你手心傳來的溫熱，從那一刻起我就不再害怕。我知道電影裏的超人都是假的，但現實中你卻是真真實實的超人，是你拯救了我，拯救了我的世界末日。」

不過是一張小小的卡片，卻叫我開心了一整天。

剪刀手愛德華

在 MCO（行動管制令）之前，每一年我會跟隨醫院的醫療團隊到遍遠的山區義診。馬來西亞是赤道國家，茂密的雨林和河川遍佈全國，有着豐富的森林資源和生態體系。這個如同地球另一端的亞馬遜叢林，長年陽光普照，雨水豐沛，是生命的寶庫，孕育的物種不但獨特而且繁雜，從小小的褐色蝙蝠到體型碩大的亞洲象，從不到 1cm 的毛毡苔到重達七公斤的萊佛士花。在這個繽紛的大千世界裏，除了叫人目不暇給的生物外，也居住着一羣人。他們世世代代在這片土地上繁衍生活，在馬來人還沒從印尼的蘇門打臘遷徒過來、華人還沒經歷祖國的苦難而投奔怒海、印度人還沒被殖民者連拐帶騙帶來這裏之前，他們的腳印已經踏遍這個半島，他們是這塊土地的真正主人。

然而，隨着被剝奪的政治權力和經濟能力，他們開始被邊緣化。當土地被侵佔，他們從這片森林被驅趕至另一片森林，直到連土著（Bumiputera）的稱謂也被挪用，這一羣土生土長的人最後只能以原住民（Orang Asli）自居，甚至還有人給了他們一個不堪入目的稱呼叫「山蕃」。

古老的雨林

清晨五點鐘，巴士從檳城出發，載着 25 人的醫療團隊連同各式各樣的器具，前往目的地柏隆 - 天猛莪（Belum-Temengor）森林保護區。此保護區位於檳城前往東海岸吉蘭丹之間，北部接壤泰國，是半島北部最大的森林保護區。此森林自 1.3 億年前已經存在，是世界最古老的雨林之一，比亞馬遜和剛果雨林還要古老。自從 1962 年加蓋了水壩，森林保護區的中央就成了一個 15,200 公頃的天猛莪湖（Tasik Temengor），原本大大小小的丘陵地一夜間成了湖中央零星散佈的島嶼。而我們義診的對象就是居住在島嶼上的原住民。

抵達天猛莪湖邊的碼頭已經是早上八點，匆匆吞下組長發放下來的漢堡就開始一天的行程。我們把器具先搬上預先向當地人租借的五艘小艇，然後船夫就載了我們往人口最多的一個小島。沿途風光明媚，湖面波光粼粼，小艇在轟轟的馬達聲下乘風破浪。碧綠的湖水映照着點點小島，在廣闊的湖面上寂寞得像一堆堆隆起的孤墳，這裏曾經都是陸地；水壩一豎，立馬成了水鄉澤國，原住民的家被切得支離破碎，原本開放的家園，頓時成了孤島，當環保團體在為紅毛猩猩發聲時，有誰為他們講過一句話？

半個小時後我們到達了其中一座島，沒有渡口，船夫只好把船擱在淺灘上，說是人口最多，放眼望去不過二十戶人家，房子都是用樹木竹片加蓋的亞答屋，既不防風也不防雨，彷彿是蓋來辛酸的。下了船，我們接力把器具搬上坡上的一間小房子，那是一間正正方方的教堂，水泥牆壁，屋頂覆蓋着鋅片，可容得下二、三十人，雖然簡陋，卻是島上最牢固的建築了。村口有間巴掌大的小屋，其實更像一座涼亭，一位頭髮蓬鬆的老者全身黝黑，個頭小小，袒胸露背側躺着吸着水煙，眼神帶了不屑，組長說他就是村長。

醫師變身理髮師

相信是經過宣傳，不同島嶼的村民也開了船來到這裏，教堂外早已擠滿了人，婦女、小孩、老人各被分成三組。小兒科醫生從箱子裏掏出一疊疊的病歷，為每個小孩量身高體重，記錄下他們的成長曲線。婦科醫生辛苦的搬來移動式超音波，為孕婦們做產檢。內科醫生則為老人們處理各種疑難雜症，開立高血壓、糖尿病藥物。我這個神經外科醫師，一無是處，離開手術室後，我不過是一隻熊貓，除了可愛一點用都沒有。組長怕我難堪，分配我去給小朋友理髮，感謝他的信任，這已經是最接近我專業的任務了。

我們這一組命名為「捉蝨小隊」，任務是清除小朋友們頭上的蝨子。三、四十個小朋友，不分男女全被集中起來，由不務正業的麻醉科黃醫師逐個逐個篩檢，蝨蝨氾濫、災情慘烈的就送到我這裏。頭蝨是頭髮的寄生蟲，以吸食頭皮血液為生，雌蝨可以每天產卵三至七顆，七天即能孵化，傳染力極強。記得小時候班上只要一個同學帶原，很快全班一起中標，釀成蝨蝨危機。如今，因為公共衛生的進步加上環境衛生的改善，頭蝨就好比天花彷彿已經從人類的文明中消失，可是就在你以為大理石地板被清洗得一塵不染時，污穢就藏在地毯下。

當我掀開一位小女孩的頭髮時，雞皮疙瘩立馬掉滿地，沙子般大小的蝨子不斷在髮際間跳躍，肆無忌憚猶如在樹梢上玩耍的猴子，黃褐色的蝨卵一粒粒從髮根開始堆疊，像累累的葡萄串串相連到髮梢，如此猖獗目中無人，誓必要斬草除根。若是小女生，姑且還會憐香惜玉，畢竟愛美是女生的天性，能夠修短就修短。至於男生，大可省去這層顧慮，電剪刷刷，大刀一揮從髮根就給它斷頭，隨了刀起刀落，男生們都成了禿驢，嘻嘻哈哈的玩弄着彼此的光頭。完成剪髮的小孩，最後就被送到護士阿姨那裏用驅蝨藥水洗頭。

剃頭也滿足

政府好幾年前就把電纜拉到最大的島上，然而電流的供應卻時有時無。最近已經停電兩個月，因為一隻碩大的老鼠把發電所的電線咬斷了，事情早早就通報國家能源公司，至今都沒人來修，而焦黑的老鼠乾至今還掛在那裏。村長仍天天悠哉的抽着大煙，世世代代都沒電了，也就不急着這幾個月，說是樂觀知天命，其實是沒能力爭取自己的權利，許多人權律師為他們打官司控訴政府破壞了他們的家園，然而只是皇帝不急太監急。其實政府也不是毫無作為，除了電流，也蓋了學校，一艘船就像水上的學生巴士，每一天都開到不同的島去接小朋友上課。另外，政府在某些島嶼也蓋起了水泥的房屋，那已經是上一次全國大選的事了，選票撈到後，再也沒人過問。

醫療資源充足的都會區是很難想像的，一個手指刮傷的病人在急診兩個小時無人理會就開始破口大罵，這裏的原住民可能一個簡單的蘭尾炎就一命嗚呼。可是，每一次我看到都市人一張又一張疲憊的倦容時，我卻很羨慕他們天真的笑容，無憂無慮、無欲無求，彷彿他們的活着沒有過去和未來，只有當下。昨天的悲傷早被時間沖去，天要塌下來了也是明天的事，活在今天盡情揮灑每一天的快樂。

離開時，再次經過村長的「門口」，他坐着手托着腮冷眼瞪着我們，充滿威嚴又好像毫不在乎，就像森林家族裏的那一隻銀背猩猩。小船一艘艘的要離開了，夕陽把湖水染成了金色，我從船上望去，從水岸突出的一根倒塌的大樹幹上，滿滿的站了一排小沙彌，相互摸着彼此的光頭，興高采烈的和我們揮手道別。快樂是會傳染的，我禁不住大笑起來，我不過是剃了一天的頭髮，心裏頭卻湧現從沒有過的滿足。

小男孩用馬來語說：「我不要光頭。」

我說：「你頭髮上黏得滿滿的蛋，不剪不會好。」

小男孩說：「沒有頭髮同學會笑我。」

我想想也是，便問：「那你想剪什麼髮型？」

他抬頭對我嫣然一笑：「你會剪 Justin Biebie 的嗎？」

啥？他是誰？

我只認識 Vin Diesel。

醫學這條路

隨了 STPM[(1)] 放榜，考滿分的學生不被國立大學錄取鬧得沸沸揚揚，其中不乏申請醫學系而被拒於門外者。這裏暫不討論政府政策的缺失，只想問問莘莘學子們，在你們鐵了心非得要唸醫學系的同時，是否曾經靜下心來問問自己為何想當醫生？

為何你要當醫生？

在這個年代，當醫生是一種流行，趕流行搶破頭擠進醫學院是全民運動，像粉絲三更半夜到快餐店排隊搶玩具，不能說這是瘋狂，但我懷疑當中還有多少深思熟慮？

「你為什麼選擇唸醫學院呢？」我曾問一位準大學生。

「當醫生啊。」他回答得理所當然，顯得我的問題很幼稚。

我再問：「那你為什麼要當醫生呢？」

他不假思索的回答：「救人啊。」

聽了他的答案，我只能説電影看太多了。

我們的社會從小告訴我們，有好成績的才是好學生，好學生還不夠，分數還得要高，高到把同儕比下去。這時候好學生就升級為高材生，高材生還嫌不足，你必須竭盡所能，管它什麼道理，就是要搞一件白袍披上，脖子上再掛一根聽診器，最後高材生再升級為醫生。好了，當了醫生，成就了美滿人生，準備救人了。

事實真的這麼理想嗎？

醫生也失業

自獨立以來到現在，目前全馬來西亞總共約有 40,000 名醫生，投其父母望子成龍所好。這些年市面上的醫學院雨後春筍般的林立，單單這幾年的數據，馬來西亞的醫學院就超過 33 家，每年「製造」的醫生將近 10,000 名，這還不包括每年從國外源源不絕回流的醫學生。我相信不到幾年，醫生的人數就會翻倍再翻倍，隨便一個招牌掉下來砸到的都是醫生，如此的「量產」已經不是過量，而是氾濫。不是西瓜大就是甜，不是人多就好辦事，不是招牌大股票就會漲，在這些醫學院裏面，還有多少的「質」？試問，當各位父母給小孩繳了昂貴的學費後，這些學校又給了孩子什麼？是一個貨真價實的醫生，是一個獨立思考的人，還是一張虛有其表的文憑？

再過幾年，全國可供醫學生實習的 132 家公立醫院絕對無法容納「滿溢」的醫學生，馬來西亞醫藥公會 Malaysian Medical Association（MMA）主席 Datuk Dr N.K.S. Tharmaseelan 就預告，來年將會有 5,000 名醫學院畢業生找不到工作，簡單來說就是失業。

你沒聽錯，還沒畢業，醫生開始失業。

既然這樣，為什麼要當醫生呢？

如此重要的問題横在眼前，而我們的社會從來就不曾告訴我們為什麼，它只告訴你成績好當然要當醫生，就像美女理所當然要嫁給帥哥一樣，孰不知帥哥也會家暴。

100 分有用嗎？

你真的適合當醫生嗎？不要告訴我你不屑回答這個問題，因為你的成績好到連哈佛大學醫學院都會錄取。適不適合和考試 100 分毫無關系。當你看着病人血壓不斷下降，血不斷湧出，你的 100 分不會幫你救回這個病人；當你看着一位癌末病人雙眼的絕望，你的 100 分安撫不了病人的創傷；當你接到法院的通知書，你的 100 分不會免予你被病人告。你的 100 分充其量只能點綴成績單，就像懸掛在診所題着「再世華佗」的匾額，除了裝飾外，一無所用。

一路走來，我從醫學院畢業、實習、工作、專科醫生，有一個感想：唸醫學院其實不用太聰明，笨一些反而比較好。笨的人通常比較謙虛，醫學是一門謙虛的學問，你無法讓它降服，只允許你嚮往真理般的追隨，它需要一顆理性的腦袋去分析，又需要一顆感性的心臟去理解，它永遠沒有絕對，經常徘徊在是與非之間。你可以在很不可能的情境下挽救一個生命，卻可能在一個很簡單的手術中失去病人。此外，笨的人需要比一般人更努力，努力和不斷學習是醫生的生命；像跑馬拉松，一步一腳印，每一步皆是風景，終點不是目的，重要的是細細的品嚐，它是一條無止盡的路，值得用一輩子的生命去體會。

如果你進入了醫學院，你希望日後是怎樣的一個醫生？

這個問題沒有標準答案，沒有一條線可以界定好和壞。唯一確定的是好成績絕對不是你唸醫學院的原因。當你選擇唸醫學院的同時，心裏是否已經準備，堅定去走一條一輩子的路，服務將成為你的使命，而且要無怨無悔。信仰對生命的善會讓你找到彼岸，對金錢太過於渴望只會讓你迷失方向，永遠不要忘記當初為何要披上白袍的承諾，謙卑的面對生命，努力的追求知識，勇敢的接受挑戰。

如果我再次問你「為什麼要當醫生？」在你回答「救人啊」之前，是否已經意識到，在救人之前你需要多少的付出，犧牲多少的時間，要建立多少的信念，要不然在你還來不及救人的同時就已經變成一個待救的人。

隨了時代的演進，醫生不再是天之驕子，醫生已不虞匱乏，也不是一個生財之道。層出不窮的醫療糾紛壓垮過多少醫生，醫學這條路古往今來都不是平坦的，也許會失業，並面對許許多多的挫折，但是如果你都準備好了，這一條路將是處處精彩。

(1) STPM：Sijil Tinggi Persekolahan Malaysia，即馬來西亞高等教育文憑，是申請本地國立大學的主要考試。

大寶森節（Thaipusam）是印度人一年一度的大節日，主要盛行於南印度，但如今印度本身已經很少慶祝這個節日，反而在馬來西亞和新加坡還完整的保留着。

那一天我去參加大寶森節遊行，在一座印度廟前遇到一個大哥兒，他叫住了我，原來是我三年前開腦顱咽管瘤（Craniopharyngioma）的病人，那年他不過十歲出頭，身高還不到我的胸口，如今已經長得頭好壯壯，比我高出兩個頭了。

默默無聞的法蒂瑪

每當我看到穿了暗綠色上衣、黑色長褲的阿姨，我都會想起法蒂瑪。在我的醫院，不同顏色的穿着代表不同部門不同工作，各司其職。手術室的衣着是淺藍色的，深藍色的則是急診室，大紅色的是加護病房，粉紅色是洗腎室；而暗綠色的主要負責醫院的雜務，他們的工作包山包海，包括運送病人、運送餐點、收拾碗盤、清理牀單，他們的身影無所不在，但總是很少人注意到他們，一如他們身上的顏色，在斑斕的彩虹色譜裏最被人忽略。

獨生的兒子

認識法蒂瑪是我來到這家醫院的第一年。那一天我接到值班護理長的電話說，有一個頭部外傷的病人目前在中央醫院急診，家屬要把病人轉過來，她希望我能收治，「病人的狀況很不好，昏迷指數只有三分，中央醫院的轉述是無法再做些什麼。」如此的病人通常是不會收的，並非我鐵石心腸，而是三分的病人即使送到美國的約翰霍普金斯醫院結果都一樣，正當我要拒絕時，護理長說：「病人只有二十歲，是我們醫院員工的兒子。」

等我看到病人時，他已經被送進加護病房。他在上班途中發生車禍，連人帶車被捲進拖格羅里（Lorry Truck）底下，消防員花了一個多小時才把他從一堆廢鐵裏拉出來。我看到的是一副殘缺不堪的身軀，還有一顆慘不忍睹的腦袋，在腫漲的眼皮底下瞳孔已經放大，他的腦幹已經受損，血壓和心跳都開始下降，這個病人不可能活下來。這時護理長扶着一位婦人向我走來說：「陳醫師，這位是法蒂瑪，我們的一位員工，她是病人的母親。」

她踽踽的走到我前面，眼睛泛紅淚流滿面，「陳醫生，他們都說你很好，請你救救我兒子，我就只有一個兒子。」她雙手合十放在胸前，聲音顫抖沙啞，我可以感覺到她正用盡畢生的力氣在呼救，我是他窒息之前緊緊捉住的最後一根稻草，語畢整個人癱軟在地上，我和護理長趕緊把她扶起來。

我什麼也沒做，病人不到半夜就去世了。法蒂瑪趴在病牀上，緊緊握住兒子冰冷的手，當心電圖成了一條直線，周遭的聲音彷彿都被抹去，深綠色的衣着在暗淡的燈光下成了灰色，世界剩下黑白。

在昏暗的陰影下

時間一晃，我在這間醫院已經待了十年。偶爾我會遇到法蒂瑪，總是在某個地方的小角落裏，推着餐車上的餅乾和一壺壺的咖啡，安靜的，像公園裏頭凋零的一片落葉，或是在電梯裏推着輪椅上的病人，她總是恰如其分的把自己融合在最昏暗的陰影裏，彷彿她存不存在對這個世界一點都不緊要。然而，我總會注意到她。尤其她的一頭華髮，這些年來已經被歲月染得斑白。

有好幾次，遠遠的我看到她推着一車的病歷從走廊那一頭向我走來，我心裏頓時沒來由的怯了，像兒時在小巷子遇到流浪狗的慌，總會借故繞道或是拐進樓梯間，避免相遇。到底是怕了什麼實在說不上來，擔心看到我會令她想起去世的兒子？還是說我心底深處有着內疚，她兒子死了，因為我袖手旁觀？

她很努力的工作，龐大的醫院能夠順利的運轉，每一個細節裏都有她的身影，可是就像所有任勞任怨的螞蟻一樣，很少有人注意到她的存在。曾經我看過她攙扶了一個大腿骨折的青年上廁所，她一手攬住病人的腰，使盡吃奶之力把他撐住，就像一位母親無怨無悔的扶着自己的小孩，或許是我太多心了，總覺得在這個過程中，她找到了逝去的那份慰藉。

閃亮的四十年

為了感謝員工的付出，服務滿十年，醫院會頒發一面小金牌以示獎勵。去年的忘年會上，法蒂瑪被請上台，我才知道原來她已經在醫院服務了四十年。那一天，她終於脱去一身暗淡的深綠，換上了色彩繽紛的紗麗，在薄紗上閃閃發光的亮片下，她領取人生中的榮耀。台下如雷掌聲和高聲歡呼光彩了這一刻，但也只有短短的 10 秒鐘，一切又回歸平靜，四十年的鞠躬盡瘁，只換來閃光燈稍蹤即逝的剎那。

記得某日，在一個深夜裏我被叫回加護病房。夜闌人靜，在這個生死交關的場所，寧靜是死人臉上淡淡的妝，永遠掩蓋不了生命的波濤洶湧和生死哀愁。當我處理好病人準備離開時，看見不遠處法蒂瑪正整理着一張病牀，兩個小時前病人剛離開了，如今正等待被拭擦乾淨，好「迎接」下一個迫不急待的病人。法蒂瑪一手拿着毛巾，一手握着消毒液，她先把消毒液噴灑在牀架和塑膠套罩着的牀褥上，之後再用毛巾輕輕的擦拭，動作緩慢極盡溫柔，深怕動作太過使力弄痛了牀單，儼如在替小嬰兒洗澡。我怔怔的看着，她旁若無人完全沉浸在自己的工作裏，她半蹲在牀邊身體依偎着欄杆，嘴唇微微的張合，有一種節律性的蠕動，似在呢喃或是唱着或哼着一首失傳的歌謠。我感覺時間忽悠忽悠地在她身邊不停的迴轉，如同有個曾經的身影在這個空間裏重疊，或是有一股熟悉的味道在空氣中徘徊。

有個護士想走過去叫她擦快一些，我叫住她說時間不趕，就讓她慢慢做吧。新來的護士也許不明白，十年前的同一個晚上，法蒂瑪的兒子就躺在這張牀上。

然後，過了很久，我突然再也沒看過法蒂瑪，彷彿她就這樣憑空從醫院消失了。也許生病，也許退休，我向不同的人打聽，卻沒有人知道是怎麼一回事，許多人的回答都是：「不知道，你確定我有見過這個人？」四十年的光景，走過的每一道足跡、付出的每一份努力，好像都不曾存在過一樣。

只有加護病房的那張牀，每一次經過，我都會想起她的故事。

天使的背影

「我好想放棄了。」

不知道這是護士 L 要對我講的話，還是她的自言自語。她坐在收納污物小房間的一張矮凳上，陪伴她的是一隻黑色的垃圾桶。在走進來之前，我從另一位護士那裏聽說剛剛某個家屬在罵護士，此刻 306B 牀的女兒還在破口大罵，炮聲隆隆響遍整幢樓層。他是我的病人，我走進病房，發現他女兒正歇斯底里在咆哮，而病人此刻正躺在牀上，衣襟是一灘嘔吐的穢物。

不只照顧一個病人

「吐成這樣，你們都沒看到嗎？」他女兒指着我，好像他爸爸嘔吐都是我造的孽。十天前病人高血壓性腦出血，送來醫院早已昏迷，經過手術一番搶救才撿回一條命，他目前能夠睜眼觀看、張口進食，除了感謝蒼天有好生之德外，最大的功勞是護理人員沒日沒夜悉心的照料。

「我們是給錢住進來的，你看我爸髒成這樣，這是你們醫院該有的服務嗎？」她瞪着我，彷彿我欠了她一個公道，我心裏明白的很，我壓根兒沒欠她什麼。我從洗臉盆上的掛架抽出幾張衞生紙，逕自走向病人，拭去他嘴邊、脖子上的穢物，再將他的衣襟擦乾淨。之後我和另一位護士把病人扶直，把牀頭搖高。「伯伯，你還好嗎？」病人看看我，點點頭，自從中風後他就説不出話。我檢查了他的心跳、血壓，都很正常，我説：「目前為止一切都很好，不久就可以出院了。」病人再次向我點頭。

查完房正準備離開，他女兒愣了一下，再次發難：「唉！這裏不是政府醫院，我們是付費住進來的，難道你就不應該給個交待嗎？」其實我已經離開病房，有時候把事情做好就行，實在不想花太多的唇舌去爭辯，但聽她如此咄咄逼人就忍不住回過頭説：「你説得對，你們是付費進來的，但這裏是醫院，不是超市，你父親對我們來説是病人，不是貨物。我聽你一直在強調錢，彷彿給了錢就理直氣壯，對人就可以頤指氣使，是你把你父親看作一件貨物多過是一位病人。當然，照顧病人的衞生是護士的工作，但他們更大的責任是病人的健康和安全，你父親從死亡邊緣走到這裏，從把屎把尿，翻身拍痰，準時的餵藥餵食，凡呼吸不順血壓飆高他們都戰戰兢兢、適時通報，你父親一路走來每一步都少不了他們。我從不期盼你向他們說一句謝謝，但至少不要大吼大叫。再說，護士不是只有你父親一個要服侍，他們每人至少要照顧七、八個病人，不可能二十四小時看着你父親到底有沒有在吐，如果你真的這麼在意，其實衛生紙就在旁邊，幫自己的父親擦一擦又有何難。」

說完轉頭就走，連多看一眼她愣愣的反應都覺得在浪費時間。我走進污物室，找到那一位被責罵的 L 說：「多虧你把病人照顧得這麼好，過兩天他就可以出院，到時再請你喝珍珠奶茶。」

鼓足勇氣的通話

「病人把身上的導尿管拔了出來。」O 的聲音從電話那頭傳了過來。她今年剛滿二十歲，是入職不到一年的小護士。

「如果尿道口沒有流血，再觀察看看。」我正忙着眼前的手術，流動護士握住手機放在我耳邊。

「我覺得病人怪怪的……」O 的聲音略顯遲疑。

「意識還好嗎？昏迷指數幾分？」

「意識清楚，昏迷指數十五分……」

「那就好，這台手術結束後我會過去看他。」我暗地裏有點不高興，為了一點小事打斷我的手術。

「可是……」

「我不是説了嗎？手術後我會過去。不要為這種小事一再煩我。」我語氣高昂已經明顯帶着生氣，連電話也感受到我的怒意，聲音截然而止，不到一分鐘，鈴聲再次響起。

「陳醫師……」

「又怎樣？」感覺到我的聲音已經充滿鄙視，手術中的外科醫師是一頭獸，如今這頭獸已準備開罵。

「病人意識雖然還算清楚，可是顯得相當沉默，我很了解這個病人，平時他的話可是很多的，他的血壓從早上的130，突然升到180，而且他的眼球左右不斷的抖動。」O一口氣把話説完，帶着一百米完賽後的喘息，我感覺到逗點前每個句子都在顫抖，我甚至可以聽到電話那頭她「砰、砰」的心跳。最後，她花光了僅剩的勇氣講出這句話：「陳醫師，我覺得你現在應該過來看看。」

兩頭陷入沉默，手機被驚嚇得熒幕一片蒼白，久久我喉頭傳來一聲咕嚕：「我5分鐘後過去。」

不只是一個小護士

病人確實不對勁，他異常的躁動，等我去到牀邊，發現他已經把插在身上的輸液管全數拔掉。O和幾位護士正忙着約束病人，我囑咐先給病人打上一針鎮定劑，再緊急送去做腦部電腦斷層掃描。

O搬來了氧氣桶架在牀頭，給病人戴上氧氣罩，匆匆推着病牀準備送往掃描室，在電梯口我對她說：「我先回手術室，掃描做好通知我。」

O說：「好的。」我看她筆直的站着，低了頭，小護士總是不敢直視主治醫師，就像小蝦米不敢對抗大鯨魚。剛剛一輪的處置已忙得她滿頭大汗，她緊張的搓揉雙手，也許太過用力，指尖都已經泛白。

看到電腦斷層的結果，我的心頓時涼了一截，並不只是病人急性小腦出血，血塊壓迫到第四腦室，已經出現急性水腦症，而是若再晚一點發現，病人一定萬劫不復。

一百多年前，一位戰地護士跟隨部隊來到戰場，她發現一個驚人的事實：由於惡劣的醫療衞生條件導致的死亡人數，竟然遠遠超出了戰爭最前線的陣亡人數。驕傲自大、囂張跋扈的官僚只顧着將源源不絕的平民子弟送往戰場，卻從來沒有考慮傷兵的醫療環境。這位護士將她的觀察發現繪製成一張「圓餅統計圖」並刊載在報章上。民眾頓時炸了鍋，憤怒的聲浪此起彼落，他們萬萬沒想到自己的兒子並非戰死，而是病死。這直接促使高高在上、麻木不仁的政客不得不在戰場上設立醫院，這是人類歷史上第一所戰地醫院。因為這位護士的仔細觀察、勇敢披露，不只催生了一間醫院、改變了一個制度，而且拯救了成千上萬的人。這位護士就是南丁格爾。

一百年後，同樣的傲慢讓我差點害了一個病人。多虧了O。

病人隨即被送往手術室，因為及時，術後病人恢復良好。查房時病人的家屬通通圍過來和我道謝，O站在後面，手上捧着一疊重重的病歷。

我招招手，把O叫到前面來說:「你們真要謝謝的是她，是她救了你們的父親。」

不只是一枚鋰電池

手術進行到這裏也算功德圓滿，牆上數碼時鐘的綠色數字顯示晚上十一時，疲憊取代了亢奮，我一針針的縫着傷口，站在對面的V也跟着我站了九個小時。

「陳醫師，你都不會餓嗎？你手術開始到現在一滴水都沒喝呢。」

「就當是齋戒吧，你們齋戒月[1]時不也是這樣。」V是一位馬來護士，個子嬌小戴着一幅無框眼鏡。

「這不一樣。」她替我剪去縫線，再用紗布把傷口的血拭乾，「宗教信仰給了我們力量。」

「實在抱歉讓你們陪我手術到這麼晚。」

「你別這麼說，」V水汪汪的眼睛眨了一下，「和你一起開刀很放鬆，你很少罵人，而且還會講笑話逗我們開心。」

「你們經常被罵嗎？」

「不會啦，但有些醫師真的很兇……」她尷尬的笑笑，「印象中沒有看過你生氣。」

「因為我罵人時你剛好不在。」相對於內科醫師的溫文儒雅，外科是持刀的日本武士，手術中的「刀刀見血」都是生死交關。巨大的壓力往往會扯斷腦筋中緊繃的弦，如同電線短路，把原本已經是瘋子的外科醫師逼到崩潰邊緣，起頭式一句「巴嘎亞魯」就開始飆罵，到時倒大霉的通常就是護士。

手術結束時已將近午夜，當我把無菌手術袍脫下，丟在地上，拍拍屁股說走就走時，她們還要把器械清洗乾淨、排列整齊，再將手術室上上下下擦過一遍才能回家。離開醫院前，我去病房看了兩個照會，直到把車開出停車場，已經是凌晨一點半。

深夜的醫院一片靜謐，連呱噪的蟋蟀和螽蟴都已經安然入睡，車道邊矮灌木叢旁一整排的路燈正發出幽幽的光，像極了天空中閃爍的星星。我的車子在拐過一個彎時，看到一個穿了白色制服的護士走在人行道上，正是V。

沒有人想要知道其實歷經了九小時手術的不是只有醫生。也許真的是累了，她駝了背，腳步不疾不徐，卻堅毅的往前走，因為那是回家休息的路。她的背影有種說不出的孤獨，在昏暗的光線下，只剩下似有若無的朦朧，誠如在龐大的白色巨塔底下，她的專業模糊極盡忽視，她的存在經常被視為不過是小小一枚提供動力的鋰電池。

然而，正是這些一粒粒的鋰電池，醫院方能運轉，如果不是他們二十四小時輪班守候，沒日沒夜的照顧，牽連起這個龐大機器每一個瑣碎又極盡關鍵的環節，哪可能換來每一個住院病人的安然無恙，以及專科醫師每一個夜晚的高枕無憂？

沒有你們，醫生算什麼

醫師口頭一分鐘短促的醫令，護士至少要花上半天謹慎的執行，說做得要死一點也不為過，他們是整個醫療體系坐鎮前線的一羣人。醫師才不會管你腹漲、便秘、失禁、尿牀、失眠、發燒、畏寒、疼痛、咳嗽、心悸、氣喘、頭痛、暈眩、耳鳴、胸悶、麻痺、流鼻水、打噴嚏、喉嚨痛、發羊癲、發神經，說白了護士才是切切實實第一個前去關心你的人。他們不只是提供動力的鋰電池，在這份勞動力的背後，帶着關懷、滿滿的專業、熱情，有些甚至深懷着宗教式的使命和信仰。然而，整個國家和社會卻總是不在乎，不尊重專業也就罷了，由於護士總是在最前線，理所當然的成了病人和家屬的出氣袋；也因為只把他們當成了勞動力，護士的薪水低廉，加上工時長壓力大，上班時間不穩定，且經常還要輪值大夜班，對許多有了家庭的女性來說，根本無法負苛。於情於理，這已經不是人的工作，也只有天使才能勝任，因此當女兒問我：「爸爸，你覺得我以後要做什麼？」我毫不思索就回答：「做什麼都好，只要不偷拐搶騙，還有不是護士，就可以了。」

看着V漸漸遠去，她的背影深深埋在漆黑裏。我想到她說的：「你很少罵人。」我想，我憑什麼罵人呢？你才是那個實實在在工作的人，「憑君莫話封候事，一將功成萬骨枯」，沒有你們，我們醫生什麼也做不成。想到這，醫生也就沒什麼好神氣的。

(1) 齋戒月：阿拉伯語叫 Ramadan，是回曆的第 9 個月。這個月是真主阿拉將《可蘭經》頒下給先知穆罕默德的月份，是伊斯蘭十二個月裏面最神聖的一個月。在齋戒月期間，由日出至日落，穆斯林不許飲食和行房，但可以漱口。

今早陽光燦爛

六點不到，離家五百公尺外的回教堂開始誦讀《可蘭經》[(1)]，從宣禮塔傳來的聲音，低沉宏亮，替代鬧鐘剛好把我叫醒。這些從小聽到大的經文，已然像磁帶上的音軌，刻在我的海馬迴，閉着雙眼也能朗朗上口哼上幾句，雖然不懂其意，其聲幽幽卻也能安撫人心。

最早的位置

晨間的第一道光在聲聲繚繞的經文中慢慢展開。送完小孩去學校，我回到醫院，時間剛好是八點，還沒開進停車場，一輛救護車在我身邊疾駛而過，急迫的程度宛如衝破了音障，留下悠悠的警笛聲在尾燈的後方拉出長長的尾巴。我看着它直衝急診室，想必裏面載着今天第一個倒霉的人，這是一條單行道，意味着這一趟有去無回。

我把車停好，偌大的停車場幾乎都是空空的停車格，表

示我是那一隻最早起的鳥。我有意無意望向標示着 23 號的停車格，空的，那是胸腔內科張醫師的停車位。一直以來他總是比我早那麼一分鐘到，直到有一天他拿着報紙跑到我的診間説：「你看，又一位醫師過勞死了。」他若有所思喃喃自語：「你有沒有想過，也許我們並不是早起的那隻鳥，而是起得最早的那一條蟲。」從那一天起我就取代了他成了最勤勞的那隻蜜蜂。

是希望還是絕望

我常把醫院想像成一個龐大的鴿舍，每一個小小的方格都臥居了一隻鴿子，每一隻鴿子的腳踝上都綁着一個訊息。説是訊息只因它無法面對面言明，只能通過不同的管道傳遞。像似無法言喻的痛，想帶卻也帶不走的思念，那個逐漸遠去慢慢變得模糊的願望，説不出口的愛，期盼放下的恨，無盡的懊悔，滿滿的感恩。住進來的鴿子，不管是有意還是無意，都有這麼一則訊息想要傳達。或許人心在面對死亡時最為清明，是一顆剔透的翡翠，不含雜念，遮遮掩掩一輩子的話已無須再藏；又或許在走向死亡那一刻，每一個迷失的靈魂都會找回失去的赤子之心，懷着謙卑和善良。一個觸摸、一個眼神、一個微笑、或是一滴眼淚，每一則訊息都包含在諸如此類不經意的舉動裏。然而不是每一則訊息都盡如人意的傳達，有些鴿子，在經歷了最黑暗的時刻，等不及黎明來臨之前，就已經展開翅膀，飛向遠方，所攜帶的訊息也一併沒入永恆的虛無。

旭陽初昇，窗戶外屋簷上那隻被照得光璨璨的鴿子，從我進入721病房就一直站在那裏。同樣一直都在的還有阿曼，我算了算，他在病榻上已經足足躺了一個月。阿曼是一個十五歲的馬來少年，三年前我替他動了腦瘤切除手術，那是一顆長在小腦的神經管胚細胞瘤（Medullablastoma），是常見於年輕人的惡性腦瘤。術後放射治療和化療全都做了，死神卻總是惦記着他，像悄悄躲在暗處的拳擊手，終究給了他致命的一擊。半年前我替他做了第二次手術，腫瘤是燒不盡的野草再次復發，他的病情每況愈下，終日昏睡，如今他人生短促的十五年已快要走到盡頭。

我討厭走進這樣的病房，因為暴露了我的怯弱和無能為力。每一次進來，安娜——照顧他的母親——都會從椅子上站起來和我點頭。

我打招呼說：「早安，今天還好嗎？」她微笑說：「今天很棒！」我感覺到安娜的神情和以往不同，略顯興奮，在我檢查阿曼時，她說：「不知道該不該和你說？」她用遲疑的眼神看着我，「昨晚阿曼突然握住我的手。」我停頓了一會，她繼續說：「我告訴他我很愛他。」她眼睛微微泛着淚光，「他再次用力的握住我的手，我可以感覺到那股力量。」

其實阿曼已經昏睡多日、瞳孔渙散，我很懷疑安娜說的每一句話。「我問他，你是否也一樣這般愛媽媽？」安娜的語氣哽咽，「阿曼又一次的緊緊握住，力量大得彷彿永遠不想放開。」說到這裏，安娜已淚如雨下，我伸出手放在她肩膀上。

窗外依然陽光和煦，而那隻鴿子已不知去向。

病房中的小希望

早晨的巡房類似某種儀式，大大的陣仗，推車上載着厚重的病歷，後面跟着幾位護士，偶爾還有一些尾隨的見習醫學生，浩浩蕩蕩宛如「媽祖繞境」，只差沒有吹嗩吶和放鞭炮。我無意褻瀆神明，而是在巡視一間又一間病房的過程中，我看到希望，也有滿滿的絕望；我體會到人情冷暖，也有世態炎涼。

五樓病房是個大通舖，屬於經濟型病房，收費低廉，偌大的空間擺放了十二張病牀以及兩間公共衞浴。每張病牀上方都有一圈環狀布簾，假裝只要一拉就有了隱私。阿好就睡在靠窗的那一張，我過去看她時，她正盤着腿坐在牀上吃早餐。

「怎樣？今天想回家嗎？」

她瞪了我一眼說：「不是說了嗎？要等我不痛再回去。」這位快七十歲的阿婆，因為跌倒造成腰椎的壓迫性骨折，已經在這裏住了兩個星期。

「要完全不痛至少還要一個月，同樣是休息你不覺得在自己家裏比較舒服嗎？」我翻查着她的病歷，體溫呼吸血壓一切正常。

阿好招招手把我叫到牀邊小聲的說：「我知道，可是回到家後沒人照顧，我就只有一個兒子，他白天都在上班。」她再次壓低聲音：「況且住這裏比住安養院便宜。」

我說：「問題是這裏不是安養院。」

她瞇起眼睛笑得像彌勒佛：「你就行行好，像你這麼好的醫生，每逢初一十五拜拜，我都會求菩薩保佑你的。」醫院頓時成了菜市，還能討價還價。

睡在隔壁牀的大嬸不知何故手腳都被約束，一直大聲的嚷嚷：「放開我！放開我！要不然我就死給你看，你相不相信我現在就咬舌自盡！」

我對阿好說：「你看，吵成這樣，不如回家。」

阿好說：「我就是嫌回家太安靜，這裏好，吵一吵有人氣。」

大嬸的吼聲變本加厲：「我現在就咬舌給你看！」

我緊張的看着她，而阿好卻沒好氣的說：「陳醫師，你就安了這個心，她不會死的。」我說：「你確定？」她點點頭說：「她連打針都怕，叫得像殺雞似的，還敢咬舌？」

「你蠻了解的嘛。」

「讓我多住兩個星期，連他們的銀行密碼都可以告訴你。」阿好指着對面牀的病人說：「像她，這裏最可憐的一個。」我順着她指的方向看到一個三十歲左右的婦女，她靜靜的躺在牀上，眼神呆滯，無視於眼前的吵吵鬧鬧，元神完全和當下的環境脫離。

「她被診斷出卵巢癌，醫生說是末期，然後她丈夫就不要她了。」

「聽起來就是台劇八點檔。」

「我以為我命苦，來到這裏才知道苦海無涯，原來我已經是人上之人了。」阿好雙手在胸前合十，加上她原本盤腿的姿式，乍看下去儼然成了一尊佛，「我每晚都唸經，希望菩薩保佑，渡他們都脫離苦難。」

我做夢也沒想到，繞境繞到這裏，果真給我遇到了「媽祖婆」。

討厭的話

繞境的最後一站，我來到加護病房，通常苦難來到這裏已經沒有味道，因為人的感官早已麻木。我的病人在這裏也沒有痛苦，因為已經昏迷。活着如果是苟且，倒不如來一個乾脆，最怕就是掛在中間甩呀甩，兩頭不到岸。

「他的病情不樂觀。」我討厭說這種話，因為感覺我好像是一個壞人。

「你的意思是他再也醒不來？」病人的太太看着我，眼眶內是一片汪洋，海水快要蕩出來。

「比這個更糟，」坦白是一把利刃，可以給一個痛快，「他很快就會離開。」

「我相信他的意志力，他會撐過來。」她眼神堅定，不容質疑。

我歎了一口氣，不忍心說出口的是，整個腦袋都壞了，還能有什麼意志力。該說的都說了，壞話是塊難哽的骨頭，家屬需要時間去消化，我向她點點頭，快步離開加護病房。

突然覺得，我很討厭這份職業。

完美的早上

查完房，時間是九點四十五分，離門診開始還有 15 分鐘。我走出冰冷的醫院，感覺回到了人間。陽光普照，我越過了馬路，走到對面的露天茶餐室，找到一張大樹下的桌子坐下來，點了一碗粿條湯、一杯去糖的薏米水。我在想，如果讓賣粿條湯的老板知道我這個早上的生活，他會給出怎樣的評論？撈起粿條放進嘴裏，米香在舌間化開，我怔怔的看着從交錯的葉片間灑落的光點，猶如片片繽紛的花瓣，一陣風輕輕颳過捲起了落葉，也吹響了樹叢裏麻雀的呢喃。我明白在神經外科的世界裏不存在美麗的早晨，但我們盡可能讓它完美。於是我稍微挪了一下身體，背對着醫院，眼前是美麗的人間四月天。

（1）誦讀《可蘭經》：穆斯林由黎明開始，每日要做五次禮拜。做禮拜時，宣教師會通過清真寺宣禮塔上的擴音器誦讀可蘭經文，目的是召喚信眾做禮拜。

這位高高的小伙子被送到醫院時瞳孔已經放大。是全體同仁的努力讓他活了過來，而且奇蹟似的毫髮無傷。

他母親紅了眼眶的說：「我要謝謝你，你不只救了我兒子，也救了我，救了我們一家。」

但我也有許多救不回來的病人，縱使再怎麼的努力，仍舊看着他們在我眼前離開。

因此，手術前很多病人和我說：「醫生，這次全部交給你了。」

「不是交給我。」我心裏非常清楚，我的本份就是把自己做好，其餘的「交給上帝。」

尾聲

有些事很困難，但總得要有人去做，即使明白前途坎坷，或許會碰得頭破血流，若不放手一搏，就沒有希望。

很多時候我會處在這種兩難的情境，永遠有更困難更難以捉摸的手術等在前頭，有些甚至已經超出了能力範圍，可是你卻不能置之不理。或許局限於本地神經外科醫師的不足，有時是病人入院後無法轉出去，有時更是逼於時間緊迫，這時候就只能深吸一口氣，拍拍胸膛，戴上盔甲硬了頭皮去碰撞。

腦外科的驚喜和驚嚇

病人就是這樣被送進來手術室的，右枕葉大面積腦出血，血塊甚至填塞了整個右腦室。關於病人的諸多病史已來不及細問，只知道他在家裏一聲喊叫後就失去了意識。如今病人以俯臥的姿式被安置在手術台上，頭上用 Mayfield——

一種金屬支架，共有三個臂，前端各有一枚鋒利的釘子，卡進頭皮，深入頭殼——支撐住頭顱使得後腦杓朝上。經過碘酒消毒後，在手術燈的探照下，光亮的頭皮發出金褐色的光澤。這個時候是凌晨四點。

深夜的身軀是一片的軟爛，是冷卻雞湯上的一層浮油，每一粒的灰色腦細胞幾乎都暫停了電氣活動，身體的新陳代謝降到最低，這時候正是一隻冬眠的熊。突然被喚醒，宛如隆冬突然進入盛夏，巨大的時差會叫人頓時失去方向，到達醫院才知道衣服穿反。每一個被緊急呼叫回來的同事都沒什麼好臉色，朝氣蓬勃、容光煥發也只有韓劇才會出現，別說化妝，有時連牙都來不及刷，每一張鉛灰的臉看上去，都是剛從福爾馬林池撈上來的大體。

「我開始了。」我對麻醉醫師說，他向我點點頭。「23號刀片」，我等了片刻，又叫了一次，一旁的刷手護士仍愣愣的站着，迷茫的雙眼失焦的看着前面空白的牆，我覺得她還在神遊太虛，於是靠過去大聲的說：「手術結束了！」她怔了一下說：「真的嗎？」我笑着說：「你做夢。」

我把頭皮ㄇ字形切開，翻過去後露出下方的頭殼，用高速氣鑽打出四個洞，再用切鋸沿着每個洞口鋸開，整塊骨頭就可以取下來。眼前是漲鼓鼓的腦膜，底下即是從血管爆出來的血塊。只要打開腦膜，把血塊吸掉就可以結束，我看看時鐘，微微一笑，要是快的話甚至還來得及回家載小孩上學。然而，當我剪開腦膜那一刻，心裏頭馬上湧現電影 Forrest Gump 的那句名言：生命就是一盒巧克力，你永遠不知道接下來會是哪個味道。神經外科的日常也是如此，是源源不絕的驚喜和驚嚇，眼前的景物叫我倒抽一口涼氣：血塊底下是一團相纏糾結的粗壯血管，就像滾成一球的蚯蚓，隨了腦袋的脈動，這一坨東西彷彿也在蠕動。

這不是普通的高血壓性出血，而是動靜脈畸形（Arteriovenous Malformation, AVM）破裂。AVM 是顱內不正常的血管結構，打從生命在胚胎階段就已經生成，這組畸形血管擁有一條或多條動脈直接匯入形成一團的血管巢（Nidus），省略了微血管的結構，這股從血管巢匯聚而成的巨大血流，直接灌入靜脈，使得回流靜脈又肥又粗，非常容易破裂。因為緊急，術前沒來得及做血管攝影檢查，所以我無從得知這團 AVM 到底有多大，眼前暴露在皮質外面的或許只是冰山一角，它龐大的身軀有可能延伸到顱底，而且根本無從得知供應的動脈一供有幾條、來自哪個分支？也不知道回流靜脈是深是淺、回灌到哪個靜脈竇（Sinus）？原本處理這類狀況的原則是，把血塊清掉，止血，再把頭皮縫上就好；剩下的就等病人穩定後，再做血管攝影，然後再進行二次手術，把 AVM 摘除。

理論上是要這樣處理的，但是理論通常都是聽聽就好，就跟黃燈亮起來理論上就要踩剎車一樣。血塊清除了，可是血止不住，最深層的地方一定有一個大破洞，也就是說，今天要不把整個 AVM 切除，否則別想回家。我抬頭看看對面的護士，如果她知道我想要表達的是，現在是淩晨四點，手術結束時大概連宵夜都買不到，她就不會佻皮的對我擠眉眼了。

沒有血管攝影檢查的 AVM 摘除手術就好比夜間開車沒有目標、沒有方向、沒有導航一樣，全程瞎子摸象，每走一步只能投石問路。好在堆積的血塊已經把部分的血管巢和腦組織分開，但大部分的病灶仍埋在腦裏。AVM 的摘除得先把供應的動脈找到再夾起來剪斷，再來就把整團的血管巢分離出來，過程就像挖地瓜，把多餘的鬚根剪掉，不能傷及任何的地瓜皮，要不然就會造成大出血。最後處理的才是回流靜脈，太早夾除或傷及回流靜脈是一個災難，會造成動脈血不斷灌入卻找不到出口，整團血管巢立馬成了氣鼓鼓的蒸氣鍋爐，充血、腫脹、最後爆裂。

事情進展還算順利，我感覺心臟還能平和的維持每分鐘 90 下跳動。兩個小時過去後，我已經夾掉了兩條動脈，分離出部分的血管巢，但始終無法看到輸出靜脈。我用顯微器械再次探入，發現深處堆積了一坨血塊尤如一堆腐爛的枯葉，我用抽吸管一吸，說時遲，那時快，一股鮮紅色的血流從血塊中噴將出來。破了！是我驚動了藏在枯葉堆中的野獸，藏在 AVM 裏的一顆動脈瘤破了！血發了瘋的流，抽吸的管子發出嗖、嗖的聲響，好在麻醉醫師術前給病人打上了一根粗大的中央靜脈導管，但輸血再快也比不上流失的快，現在只期盼我止血的速度能趕得及血流乾的速度。

由 90 到 150

我的心像坐雲霄飛車的墜落，腦袋出現短暫的空白，但很快的我又回到了手術的節奏。漫天飛血在顯微鏡底下起舞，粗大的抽吸管抽去部分的血流，讓我短暫的看到出血的破洞，更幸運的是我還看到了破洞的頸口，或許有機會把它夾住。我確實害怕到極點，心跳大概已飆升到 150，全身肌肉繃緊幾乎斷裂，我感受到強烈的戰慄，但前所未有的專注卻讓內心湧現陣陣的狂喜。這種情境即驚悚又恐怖，卻叫人亢奮，令人上癮。猶如所有吸毒的癮君子，我覺得我正享受着身體以每秒鐘增加 1 毫克腎上腺素的興奮。

「給我一個動脈瘤夾。」我緊緊的盯住顯微鏡，一手伸到護士的前面準備接過她遞來的夾子，一手不斷的抽吸，深怕一個不留神頸口就被血流淹沒。

「幾號？」護士緊張的問。

「隨便，直的就好。」我伸過去的手愈來愈瘆，護士還在找夾子，其實不過幾十秒，我卻好像等了一輩子。

終於等到夾子，我接過把它伸到顯微鏡底下，滾滾的血球不斷的怒吼，我張開夾子，這時的心臟已經快要跳出來。把開口對準了頸口處，現在它看起來就像一座發瘋的火山；奇蹟的是我的手竟然沒有抖，我緩緩推進，就在火山口處闔上夾子，血止了。

我吐出一口氣，胸很痛，剛剛閉氣至少超過 1 分鐘。直到現在我的手才開始在顫抖，我望向護士，眼神有一種渴望，很久很久，護士已經受不了，問：「你為什麼一直看着我？」我說：「你為什麼沒有拍手？」

死亡就在千鈞一髮之間，神經外科醫師的生活每天都是如此般在刀口上舐血，並不是我們覺得比其他醫師高人一等，而是處在類似這種與生存和死亡拉拔的情境時，我們彷彿到了另一個境界，昇華成生命的另一種層次。

我的嗜好是開刀

隨了年長我慢慢能夠理解，為什麼我的老師已經八十歲了還在替病人開刀，為什麼有些外科醫師真的鞠躬盡瘁把自己的一生完全奉獻，最後一刻是以昏迷指數三分倒在手術台旁作為謝幕。或許手術對於一個外科醫師來説就是一種戒不掉的癮，我們都離不開那 1 毫克腎上腺素的興奮。

經過如此的風浪，接下來的手術像雨過天晴，我把整個 AVM 摘掉，就像摘除卡在土堆裏的虎頭蜂巢，術後的腦袋留下一個尤如橘子般大的窟窿。我心裏默默禱告，希望病人能夠活下來，而且活得好好的。護士放了音樂，我把硬膜縫好，蓋上骨頭，我看看時鐘，笑笑，還來得及吃晚餐。

「很累。」我説:「這種手術多開一台，命就會短一年。」

「對啊。」護士説：「我還有大把青春年華，以後這種事你千萬別找我們。」

我聽着音樂，悠哉的縫着傷口，護士問：「這麼累的工作，你打算什麼時候才會停啊？你知道我們護士做得要死也是掙那一點錢，你做做好事，讓我們過點好日子吧。」

「好啦，我知道你們圖的是什麼，今天晚餐算我的。」

頓時整間手術室一陣歡呼，手腳快的流動護士馬上拿起手機訂 Grab Food [(1)]。其實我也真的心存感謝，沒有他們我絕對完成不了這台手術。

「不過説真的，」護士説：「你到底要做到什麼時候？」

「不知道呢。」我低着頭，認真的想了一會，「六十五歲吧，六十五歲就退休。」

「真的？可是等到你六十五歲，我們的命少說也沒了半條了。」也許掙到了晚餐，她們整個情緒亢奮，說話源源不絕，「那你退休後想過做什麼嗎？」

「做我最喜歡的事啊。」

「什麼才是你最喜歡的事啊？」

「這可不能告訴你。」

「有什麼好神秘的，我知道啦，你最喜歡就是寫文章，以後你要當作家是不是？」

「反正就是不能告訴妳。」

我心想，如果我說我最喜歡做的事就是開刀，退休後每天都會回來找他們開刀，一定會被他們揍。

(1) Grab Food：外賣食物的平台，類似於香港的 Food panda。

謝誌

我在工作上的態度頗似打火的弟兄，雖然說不上夙夜匪懈的拚博，但總是全力以赴，赴湯蹈火。相對於寫作，我的態度可說一百八十度的不同，近乎懶散，可說是吊兒郎當。因此，當本書終於完成，付梓出版，我第一個感覺就是很不真實、滿滿的虛幻。

雖然這是一件難以置信的事，但終究不是奇蹟，書本的面世，是後面許許多多努力的雙手默默地推動，憑我一己之力，不可能完成。

本書所有的故事都是真實的，不過為了顧及隱私，我在姓名、時序以及不至於竄改故事本質的情況下做了些更動。我要感謝相信並託付於我的病人，沒有你們的參與這本書就沒有了靈魂和生命。

我要謝謝馬來西亞《星洲日報》和《南洋商報》提供平

台讓我發表文章，尤其是《南洋商報》的三位編輯，雪琳、寶寶和美勵，要不是在 2021 年給我開了一個專欄，並且沒日沒夜、窮追猛打的催稿，這本書大概連序言都還沒寫完。

謝謝突破出版社，這是她為我出的第三本書。感謝詠慈編輯，要不是妳中肯的意見和耐心的指導，我無法想像這本書會有多糟。

回來檳城這十年裏，我很幸運可以在南華醫院工作，這裏的每一位同事，既專業又仁慈，你們對病人的關懷無人可及，能夠和你們一同打拼是我的榮幸。

最後，要感謝我的家人，謝謝你們的忍耐和包容，若非你們無私的愛，以及一路來的支持和鼓勵，我不可能走到這裏，也不可能有這本書。謹以本書獻給你們。